Im Zeichen der Ritter

Mary Pope Osborne

Im Zeichen der Ritter

INHALT

IM AUFTRAG DES ROTEN RITTERS

Eine königliche Einladung 11
Das soll Camelot sein? 18
Die Ritter der Tafelrunde 26
Wer wird gehen? 37
Die Reise in die Anderswelt 43
Ein guter Trick 57
Die Anderswelt 68
Die Geschenke der Ritter 81
Die Kristallhöhle 91
Ihre Pferde warten! 101
Die Rückkehr 109
Weihnachtszauber 116
Willkommen zu Hause 127

DAS VERZAUBERTE SPUKSCHLOSS

Die Einladung	137
Im Herzen der Eiche	143
Rok	153
Auf der Burg	164
Gespenster	178
Merlins Diamant	186
Eins, zwei, drei!	193
Das Nest des Rabenkönigs	203
Ein Stück von einem Stern	209
Wo ist er?	217
Gefangen	223
Ein neuer Tag	232
Zauberkünste	245

WIE ALLES ANFING

Eines Tages tauchte
ein geheimnisvolles Baumhaus
im Wald von Pepper Hill
in Pennsylvania auf.
Die Geschwister Anne und Philipp
kletterten hoch und entdeckten,
dass es voller Bücher war.
Schnell fanden sie heraus,
dass dieses Baumhaus
magische Kräfte hatte.
Sie konnten damit nicht nur
zu all den Orten reisen,
die in den Büchern abgebildet waren,
sondern auch kreuz und quer
durch die Zeit.

Die Geschwister erfuhren,
dass das Baumhaus
der Fee Morgan gehörte,
einer zauberkundigen Bibliothekarin
am Hofe von Camelot,
dem sagenhaften Königreich
des König Artus.
Immer wenn das magische Baumhaus
im Wald auftauchte, wussten
Anne und Philipp, dass Morgan
einen neuen Auftrag für sie hatte.
Jetzt ist es Winter.
Die Geschwister haben Morgan
schon seit vielen Monaten
nicht mehr gesehen ...

Im Auftrag des Roten Ritters

EINE KÖNIGLICHE EINLADUNG

Die letzten Sonnenstrahlen verglühten am Himmel. Es war später Nachmittag und dicke Schneewolken zogen herauf.

„Komm, schneller!", drängte Philipp. „Mir ist kalt!"

Er war mit seiner Schwester auf dem Heimweg von der Schule. Die Weihnachtsferien hatten gerade angefangen.

„Guru! Ruckedigu!"

„Warte mal", sagte Anne. „Sieh doch!"

Sie deutete auf einen weißen Vogel, der auf einem kahlen Ast am Waldrand saß. Der Vogel starrte sie an.

„Das ist doch nur eine Taube", sagte Philipp.

„Nein", widersprach Anne, „das ist ein Bote von Morgan."

„Bestimmt nicht", sagte Philipp. Er wollte keine Hoffnung in sich aufkeimen lassen. Sie hatten Morgan schon so schrecklich lange nicht gesehen und er vermisste sie.

„Doch", meinte Anne und war felsenfest davon überzeugt. „Sie hat bestimmt wieder eine Aufgabe für uns, da bin ich mir sicher!"

In der kalten Abenddämmerung breitete die Taube ihre Flügel aus und flog in den Wald von Pepper Hill.

„Los, komm", sagte Anne, „das Baumhaus ist wieder da!" Und dann rannte sie hinter der Taube her in den Wald.

„Oh Mann!", seufzte Philipp. Aber er lief Anne nach.

Selbst in der zunehmenden Dunkelheit fanden sie den Weg sofort. Sie liefen

zwischen den kahlen Bäumen bis zum höchsten Baum des Waldes.

„Siehst du?" Anne deutete nach oben.

„Tatsächlich", flüsterte Philipp.

Das magische Baumhaus war wirklich wieder da.

„Morgan!", rief Anne.

Philipp hielt den Atem an und wartete, ob die Zauberin wohl aus dem Fenster schauen würde. Aber Morgan zeigte sich nicht.

Anne ergriff die Strickleiter und kletterte hoch. Philipp folgte ihr.

Als sie ins Baumhaus stiegen, entdeckte Philipp etwas auf dem Fußboden. Es war eine Pergamentrolle, die mit einem roten Samtband zusammengebunden war.

Philipp hob sie auf und rollte sie rasch auseinander. Auf dem dicken gelben Pergament schimmerten große goldene Buchstaben.

„Hey, da hat Morgan uns aber eine besonders schöne Nachricht geschickt!", staunte Anne.

„Es ist eine Einladung", sagte Philipp. „Hör mal."

> Liebe Anne, lieber Philipp,
> ich würde mich freuen, wenn ihr diese königliche Einladung zum Weihnachtsfest in Camelot annehmen würdet.
> M.

„Weihnachten in Camelot!", rief Anne. „Wahnsinn!"

„Cool", flüsterte Philipp. Er stellte sich ein wunderschönes, von Kerzen erleuchtetes

Schloss vor, in dem Ritter und Edelfrauen feierten und sangen.

„Wir werden Weihnachten mit Morgan und König Artus feiern!", freute sich Anne. „Und Guinevere kennenlernen!"

„Ja! Und die Ritter der Tafelrunde und Lancelot!", schwärmte Philipp.

„Komm, gehen wir", sagte Anne. „Wo ist das Buch?"

Sie suchten im Baumhaus nach einem Buch über Camelot. Doch das einzige Buch, das sie entdecken konnten, war das Pennsylvania-Buch, mit dessen Hilfe sie immer wieder zurück nach Hause kamen.

„Das ist ja seltsam", sagte Philipp. „Morgan hat uns gar kein Buch geschickt. Wie sollen wir denn dann nach Camelot kommen?"

Philipp las die Einladung noch einmal. Er drehte sie um, weil er hoffte, auf der

Rückseite würde vielleicht noch etwas stehen – doch die war nicht beschrieben. Er gab Anne die Einladung.

„Sie hat es wohl vergessen", murmelte er.

„So ein Mist!", schimpfte Anne und starrte auf die goldenen Buchstaben. „Ich wünsche mir so sehr, dass wir nach Camelot reisen könnten!"

Draußen raschelten die Zweige des Baumes.

Wind kam auf.

„Was ist denn jetzt los?", fragte Philipp.

„Keine Ahnung …", antwortete Anne.

„Warte mal", sagte Philipp. „Du hast die Einladung angeschaut und dir etwas gewünscht …"

Der Wind wurde stärker.

„Das muss den Zauber in Gang gesetzt haben!", rief Anne.

Philipp lächelte.

„Wir reisen nach Camelot", flüsterte er.

Das Baumhaus fing an, sich zu drehen.

Es drehte sich schneller und immer schneller.

Dann war auf einmal alles wieder still.

Totenstill.

DAS SOLL CAMELOT SEIN?

Philipp schauderte. Im dämmrigen Licht konnte er seinen Atem sehen.

Anne starrte aus dem Fenster. „Das soll Camelot sein?", fragte sie.

Philipp sah auch hinaus. Das Baumhaus war in einem kleinen Hain mit hohen, kahlen Bäumen gelandet. Ein riesiges, düsteres Schloss zeichnete sich bedrohlich gegen den grauen Himmel ab. Aus keinem der Fenster schien Licht. Keine einzige Fahne wehte von den vielen Zinnen. Der Wind pfiff zwischen den hohen Türmen.

„Es sieht ganz verlassen aus", bemerkte Anne.

„Finde ich auch", sagte Philipp. „Ich hoffe, es ist das richtige Schloss."

Philipp nahm sein Notizbuch aus seiner Schultasche. Er wollte sich eine Beschreibung des düsteren Schlosses notieren.

„Hey, da kommt jemand!", rief Anne auf einmal.

Philipp sah wieder hinaus.

Eine Frau kam über die Zugbrücke aus dem Schloss. Sie trug einen langen Umhang und hielt eine Laterne in der Hand. Ihr weißes Haar wehte im Wind.

„Morgan!", riefen Anne und Philipp gleichzeitig und lachten erleichtert.

Morgan eilte über den frostigen Boden zu der kleinen Baumgruppe. „Anne? Philipp? Seid ihr das?", rief sie.

„Natürlich! Was dachten Sie denn?", rief Anne und kletterte hinunter.

Philipp steckte sein Notizbuch wieder ein und kletterte hinter Anne die Strickleiter nach unten. Dann rannten sie beide auf Morgan zu und warfen sich in ihre Arme.

„Ich habe aus dem Fenster geschaut und auf einmal einen hellen Lichtblitz gesehen", sagte Morgan. „Was macht ihr denn hier?"

„Haben Sie denn nicht das Baumhaus geschickt, um uns abzuholen?", fragte Philipp.

„Zusammen mit der königlichen Einladung, Weihnachten auf Camelot zu feiern?", ergänzte Anne.

„Nein", sagte Morgan und klang besorgt.

„Aber die Einladung war mit M. unterschrieben", sagte Philipp.

„Das verstehe ich nicht", murmelte Morgan. „Wir feiern in diesem Jahr nämlich gar nicht Weihnachten."

„Sie feiern nicht?", fragte Philipp verständnislos.

„Wieso nicht?", wollte Anne wissen.

Morgan sah auf einmal sehr traurig aus. „Erinnert ihr euch daran, als ihr meine Bibliothek besucht habt und Artus neue Hoffnung gebracht habt, damit er sich seinem Feind stellt?", fragte sie.

„Natürlich." Philipp nickte.

„Nun, dieser Feind war ein Mann namens Mordred. Artus hat ihn zwar besiegt, aber vorher hat Mordreds böser Zauberer noch einen Fluch über das gesamte Königreich gesprochen, mit dem er Camelot aller Freude beraubt hat."

„Was? Aller Freude?", flüsterte Anne entsetzt.

„Ja", bestätigte Morgan. „Seit Monaten schon gibt es auf Camelot weder Musik noch Feste oder Lachen!"

„Oh nein!", seufzte Anne.

„Können wir irgendwie helfen?", fragte Philipp sofort.

Morgan lächelte traurig. „Ich fürchte, diesmal könnt ihr leider gar nichts tun!", sagte sie. „Aber vielleicht wird es Artus ein wenig aufmuntern, euch zwei zu sehen. Kommt, gehen wir erst einmal ins Schloss."

Morgan hob die Laterne und ging zurück zur Zugbrücke.

Philipp und Anne folgten ihr. Als sie über den äußeren Vorhof gingen, knirschte das gefrorene Gras unter ihren Turnschuhen.

Sie liefen hinter Morgan über die Brücke und durch das hohe Tor. Im Innenhof des Schlosses gab es nicht das geringste Zeichen von Leben.

„Wo sind bloß alle?", flüsterte Anne ihrem Bruder zu.

„Keine Ahnung", flüsterte Philipp zurück. Philipp hätte zu gerne ein Buch über Camelot gehabt, um nachzulesen, was hier vor sich ging.

Morgan führte sie zu einem hohen Torbogen mit zwei hölzernen Türflügeln. Sie blieb stehen und drehte sich um. „Ich fürchte, es gibt kein Buch, das dir heute Nacht helfen könnte, Philipp", sagte sie.

Philipp erschrak, weil Morgan seine Gedanken gelesen hatte.

„Warum nicht?", fragte Anne.

„Bei all euren bisherigen Reisen habt ihr tatsächliche Orte in der echten Zeit und Vergangenheit besucht", erklärte Morgan. „Mit Camelot ist das anders."

„Wieso?", fragte Philipp.

„Die Geschichte von Camelot ist eine Legende", antwortete Morgan. „Das ist eine Geschichte, die zwar mit der Wirklichkeit beginnt, doch dann geht sie irgendwann in Fantasie über. Im Laufe der Zeit erzählen verschiedene Menschen die Geschichte und dichten neue Dinge hinzu. Auf diese Weise bleibt eine Legende lebendig."

„Dann fügen wir heute Nacht unseren Teil hinzu!", schlug Anne vor.

„Gut", sagte Morgan. „Aber ich bitte euch eindringlich ..." Im Licht der Laterne sah sie sehr ernst und beunruhigt aus. „... lasst die

Geschichte von Camelot nicht enden! Haltet unser Königreich am Leben!"

„Natürlich werden wir das tun!", versicherte Anne.

„Gut", sagte Morgan. „Dann kommt. Lasst uns in die große Halle gehen und den König besuchen."

Morgan hob einen eisernen Riegel und schob dann die schweren Türen auf. Philipp und Anne betraten hinter ihr das dunkle Schloss.

DIE RITTER DER TAFELRUNDE

Zwei Fackeln erhellten notdürftig den zugigen Eingang des Schlosses. Über die abgewetzten Wandteppiche tanzten dunkle Schatten.

„Wartet hier", bat Morgan. „Ich will dem König erst von eurer Ankunft berichten."
Sie eilte durch einen großen steinernen Torbogen, der in die große Halle führte.

„Lass uns schon mal heimlich gucken!", flüsterte Anne ihrem Bruder zu.

Sie schlichen hinüber zu dem großen Torbogen und spähten um die Ecke.

Die Decke der großen Halle war sehr hoch. Am anderen Ende saßen König Artus und seine Ritter um einen großen, runden Tisch. Sie trugen alle braune Kutten, ihre Haare und Bärte waren zottig. Auf den Lehnen ihrer Stühle standen in goldenen Lettern ihre Namen.

„Die Ritter der Tafelrunde", flüsterte Philipp.

Morgan sprach mit König Artus. Neben dem König saß eine Frau in einem einfachen grauen Kleid. Sie war blass und hatte lockiges braunes Haar.

„Königin Guinevere", flüsterte Anne.

Morgan kam zurück. Anne und Philipp liefen rasch wieder in den Schatten. Einen Augenblick später stand Morgan vor ihnen.

„Ich habe dem König gesagt, dass zwei seiner ganz besonderen Freunde gerade angekommen sind", sagte sie. „Kommt mit."

Als sie mit Morgan durch die große Halle schritten, fror Philipp. Der riesige Raum war feucht und zugig. Im Kamin brannte kein Feuer und der Steinboden war so eisig, dass Philipp förmlich spürte, wie die Kälte durch die Sohlen seiner Turnschuhe kroch.

Kurz vor der runden Tafel blieben sie stehen. König Artus sah sie mit seinen grauen Augen durchdringend an.

„Beste Grüße aus Pepper Hill", sagte Anne zum König und zur Königin und verbeugte sich. Philipp verbeugte sich auch.

Die Königin lächelte. Aber König Artus nicht.

„Eure Majestät, erinnert Ihr Euch an Anne und Philipp?", fragte Morgan. „Ihr habt sie letzten Sommer in meiner Bibliothek getroffen."

„Natürlich, und ich werde sie niemals vergessen!", erwiderte der König leise. „Sei gegrüßt, Anne. Sei gegrüßt, Philipp. Was bringt euch nach Camelot in dieser trostlosen Nacht?"

„Das magische Baumhaus hat uns hergebracht", antwortete Anne.

Ein Schatten huschte über das Gesicht des Königs. Er sah Morgan fragend an.

„Nein, Eure Majestät, ich habe keine Zauberei benutzt, um die beiden herzubringen", versicherte sie. „Vielleicht ist immer noch ein wenig Magie im Baumhaus und es reist von ganz alleine?"

„Was ist hier nur los?", dachte Philipp.

„Wieso ist König Artus so beunruhigt wegen des magischen Baumhauses?"

König Artus wandte sich wieder an Anne und Philipp. „Wie auch immer ihr hergekommen seid: Seid willkommen in meinem Königreich." Und zur Königin sagte er: „Guinevere, dies sind zwei Freunde, die mir einst Hoffnung und Mut gemacht haben, als ich das dringend nötig hatte."

Königin Guinevere lächelte wieder. Aber es war Trauer in ihrem Blick. „Ich habe schon viel von euch gehört", sagte sie.

„Ich auch über Euch!", antwortete Anne.

„Erlaubt mir, euch meine Ritter vorzustellen", bat König Artus. „Sir Bors, Sir Kay, Sir Tristan ..."

Und während der König die Namen all seiner Ritter aufzählte, nickten Anne und Philipp schüchtern. Die Ritter nickten ihnen auch zu. Philipp wartete gespannt auf den Namen Lancelot, den berühmtesten Ritter Camelots. Doch er wartete vergeblich.

„Und schließlich: Sir Bedivere und Sir Gawein", schloss König Artus.

Der König zeigte auf die drei leeren Stühle am Tisch und sagte: „Und hier saßen einst drei, die jetzt für uns verloren sind."

„Verloren?", grübelte Philipp. „Wieso?"

„Ihr könnt euch auf diese Plätze setzen und mit uns zu Abend essen", sagte König Artus.

„Danke", sagte Anne.

Morgan ging voraus und Philipp las die Namen, die auf die Lehnen der drei leeren Stühle geschnitzt waren: *Lancelot*, *Galahad*, *Parzival*.

Philipp setzte sich auf den Platz von Lancelot.

Als er auf seinem schweren hölzernen Stuhl saß, beobachtete Philipp den König und dessen Ritter. Sie nagten Fleisch von Knochen und schlürften Wein aus schweren Kelchen – aber sie aßen ohne Genuss und Freude.

Dann kam ein Page und brachte auch für Anne und Philipp etwas zu essen. Er stellte ein vor Fett triefendes Stück Rindfleisch mit einem glitschigen Stück Brot vor den Geschwistern auf den Tisch. Das Essen sah schrecklich aus.

„Das ist kein richtiges Weihnachtsessen, oder?", flüsterte Anne.

Philipp schüttelte den Kopf.

Anne beugte sich zu Morgan und flüsterte, damit König Artus sie nicht hören konnte: „Was ist mit den drei verlorenen Rittern geschehen?"

„Nachdem Mordreds böser Zauberer seine Verwünschung ausgesprochen hatte, suchte der König Hilfe bei seinen Zauberern am Hof von Camelot", erzählte Morgan. „Sie rieten ihm, seine Ritter in die Anderswelt zu senden, um die Freude in unser Königreich zurückzuholen."

„Was ist das, die Anderswelt?", fragte Philipp.

„Es ist ein altes, verzaubertes Reich am Rand der Welt", erklärte Morgan. „Es ist der Ort, an dem alle Magie ihren Ursprung hat."

„Irre", flüsterte Anne.

„Der König wählte drei seiner mutigsten Ritter für diese Reise aus", fuhr Morgan fort. „Doch als keiner von ihnen zurückkam, wurde der König sehr wütend auf seine Zauberer. Er gab der Magie die Schuld am Unglück Camelots. Seitdem hat er jegliche Form der Magie auf ewig aus seinem Königreich verbannt."

„Aber Sie sind doch auch eine Zauberin", flüsterte Anne. „Hat sich der König nicht auch gegen Sie gewandt?"

„Artus und mich verbindet eine lange Freundschaft", erklärte Morgan. „Mir hat er erlaubt, im Schloss zu bleiben. Dafür musste

ich ihm versprechen, niemals wieder die Kunst der Zauberei auszuüben."

Ein Gefühl der Furcht beschlich Philipp. „Das heißt also ... bedeutet das, dass das magische Baumhaus ...?"

Morgan nickte. „Ja, es ist aus Camelot verbannt", bestätigte sie. „Ich fürchte, das hier wird eure letzte Reise sein. Und das letzte Mal, dass wir einander sehen." Ihre Augen füllten sich mit Tränen. Sie sah weg.

„Was? Das letzte Mal, dass wir einander sehen? Für immer und ewig?", fragte Anne.

Ehe Morgan antworten konnte, schwang die große Holztür auf und ein Windstoß fegte durch die große Halle. Die Fackeln und Kerzen flackerten auf und die Schatten tanzten wild an den Wänden.

Hufschläge waren zu hören, dann ritt ein Ritter auf einem riesigen Pferd durch den Torbogen.

Der Ritter war ganz in Rot gekleidet – von seinem glänzenden Helm bis zu dem langen Umhang auf seinem Rücken. Und sein Pferd trug grünes Zaumzeug und eine grüne Satteldecke.

„Irre", hauchte Anne. „Ein Weihnachtsritter!"

WER WIRD GEHEN?

„Ich bin gekommen, um König Artus zu sprechen", sagte der Ritter und seine tiefe Stimme dröhnte in seinem Helm. Seine rote Rüstung glitzerte im flackernden Licht des Feuers.

König Artus stand auf. Er starrte den Ritter grimmig an, doch er sprach mit ruhiger Stimme: „Ich bin Artus, der König. Und wer seid Ihr?"

Der Ritter antwortete nicht auf Artus' Frage. „Soso. Ihr seid also der legendäre König Artus von Camelot", sagte er spöttisch und lachte. „Dann müssen das hier die berühmten Ritter der Tafelrunde sein!"

„Stimmt", bestätigte König Artus. „Ich frage Euch noch einmal: Wer seid Ihr?"

Der Rote Ritter antwortete ihm immer noch nicht.

„Der Zauberspruch des bösen Zauberers hat Camelot jeglicher Freude beraubt", sagte er. „Hat er Euch und Euren Männern auch den Mut genommen?"

„Ihr wagt es, unseren Mut infrage zu stellen?", fragte der König leise und drohend.

„Camelot stirbt!", rief der Weihnachtsritter. „Weshalb ist niemand in die Anderswelt geritten, um die Freude zurückzuholen?"

„Ich habe meine besten Ritter mit dieser Aufgabe ausgesandt", sagte König Artus. „Doch sie sind nicht zurückgekehrt."

„Dann schickt noch weitere Ritter aus!", donnerte der fremde Ritter.

„Nein!", rief Artus und schlug mit der Faust auf den Tisch. „Ich werde niemals wieder gute Männer zu den Ungeheuern der Anderswelt schicken!"

Philipp erschauderte vor Entsetzen. „Zu was für Ungeheuern?", dachte er.

„Dann ist Euer Schicksal besiegelt", sagte der Weihnachtsritter. „Wenn Ihr nicht noch einmal jemanden in die Anderswelt schickt, wird alle Schönheit und Musik, alle Wunder und alles Licht, alles, was Camelot je war oder sein könnte, verloren gehen und auf immer vergessen werden! Und ihr tragt dafür die Verantwortung."

„Nein!", schrie Anne.

„Psst, Anne!", machte Philipp.

Der Rote Ritter wandte sich jetzt an die Ritter der Tafelrunde. „Wer von Euch wird gehen?", fragte er.

„Wir werden gehen!", rief Anne.

„Wir?", wiederholte Philipp.

„Ja, wir werden diese Aufgabe übernehmen!", rief Anne und sprang auf.

„Nein!", schrie Morgan.

„Auf gar keinen Fall", sagte König Artus.

„Anne!", rief Philipp panisch. Er sprang von seinem Stuhl und versuchte, seine Schwester mit aller Kraft zurückzuziehen.

„Gut", rief der Weihnachtsritter. Er deutete auf Anne und Philipp. „Die Jüngsten von allen – diese beiden – werden gehen!"

„Ihr wollt Euch über uns lustig machen!", rief König Artus.

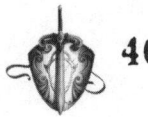

„Diese beiden werden gehen!", wiederholte der Ritter. Seine Worte hallten von den Wänden wider.

„Oh nein", dachte Philipp.

„Ja", sagte Anne. Sie zog Philipp nach vorne zum Weihnachtsritter.

Artus rief seinen Rittern zu: „Haltet sie auf!"

Einige Ritter stürzten auf Philipp und Anne zu, doch der Weihnachtsritter hob seine Hand in die Höhe.

Auf der Stelle wurde es totenstill in der Halle.

Alle am Tisch erstarrten zu Statuen.

König Artus sah aus wie die Statue eines wütenden Königs. Königin Guinevere sah aus wie die Statue einer besorgten Königin. Die Ritter der Tafelrunde sahen aus wie Statuen grimmiger Ritter.

Und Morgan sah aus wie die Statue einer besorgten Freundin. Ihr Mund stand offen, als ob sie Anne und Philipp etwas zurufen wollte, doch es kam kein Ton über ihre Lippen – nicht das leiseste Flüstern.

DIE REISE IN DIE ANDERSWELT

„Morgan?", rief Anne. Sie rannte um den Tisch herum und berührte Morgans Wange. Schnell zog sie die Hand wieder zurück.

„Sie ist kalt! Eiskalt!", schluchzte Anne.

Voller Wut wandte Anne sich an den Weihnachtsritter: „Was haben Sie mit Morgan gemacht?", rief sie.

„Hab keine Angst!", sagte der Weihnachtsritter. Seine Stimme klang auf einmal sanft und freundlich. „Sie wird wieder lebendig, sobald ihr eure Aufgabe erfüllt habt."

„Und was ... was genau ist das für eine Aufgabe?"

„Ihr müsst in die Anderswelt reisen",

erklärte der Ritter. „Dort werdet ihr einen Kessel finden, der mit dem Wasser der Erinnerung und Fantasie gefüllt ist. Davon müsst ihr eine Tasse voll zurück nach Camelot bringen. Wenn ihr scheitert, wird Camelot nicht wieder zum Leben erwachen. Niemals wieder."

„Und wie sollen wir das alles schaffen?", fragte Anne und trocknete sich die Tränen.

„Merkt euch einfach folgende drei Reime", sagte der Weihnachtsritter.

„Augenblick!", rief Philipp. „Die möchte ich mir gerne aufschreiben!"

Mit zitternden Händen zog er sein Notizbuch und den Stift hervor. Dann sah er den Weihnachtsritter an.

„Ich bin bereit", sagte er. Mit dem Stift in der Hand fühlte Philipp sich gleich viel sicherer.

Die Stimme des Weihnachtsritters klang hohl aus seinem Helm.

„Hinter dem eisernen Tor im Garten
werden die Hüter des Kessels warten."

Philipp schrieb den Reim des Ritters mit. „Okay. Der nächste", sagte er.

Der Weihnachtsritter fuhr fort:

„Vier Geschenke müsst ihr dazu haben:
Das erste von mir – worauf ich euch verlasse.
Außerdem einen Kompass
und eine Tasse,
dann noch einen Schlüssel –
das sind die Gaben."

„Kompass, Tasse, Schlüssel ... hab ich", sagte Philipp.

Die Stimme des Weihnachtsritters dröhnte weiter:

*„Wer diese Aufgabe erfüllt,
gehört zu den Besten
und findet die geheime Tür
ganz einfach im Westen."*

Philipp schrieb auch diesen letzten Reim auf und sah dann hinauf zu dem Ritter.

„Noch etwas?", fragte er.

Ohne ein weiteres Wort zog sich der Ritter seinen roten Umhang von den Schultern und ließ ihn zu Boden gleiten. Er fiel Philipp und Anne lautlos vor die Füße.

Der Weihnachtsritter riss die grünen Zügel seines Pferdes herum und galoppierte aus der großen Halle.

Sobald der Ritter weg war, leuchteten die Kerzen und Fackeln in der Halle weniger hell und eine bittere Kälte kroch in den Raum.

„Was diese drei Reime wohl bedeuten sollen?", fragte Philipp und starrte in sein

Notizbuch. „Wer sind die Hüter des Kessels? Und was für eine geheime Tür?"

„Ich habe keine Ahnung", antwortete Anne. „Alles, was ich weiß, ist, dass wir Morgan retten müssen."

Sie hob den roten Umhang auf und hielt ihn in den Armen. „Wir haben unsere erste Gabe", sagte sie. „Lass uns gehen!"

„Warte – wir sollten erst einmal überlegen, was ...", wandte Philipp ein.

„Nein!", widersprach Anne. „Wir sollten jetzt einfach aufbrechen!" Sie drehte sich um und ging los.

Philipp holte tief Luft. Er steckte sein Notizbuch ein und lief durch den Torbogen.

„Anne?"

Sie war verschwunden.

„Anne, warte auf mich!", rief er. „Warte doch!" Philipp rannte durch das Schloss.

„Anne!"

„Hier bin ich", sagte sie. „Natürlich warte ich!" Sie stand an der Eingangstür und sah nach draußen.

„Wie kommen wir in diese Anderswelt?", fragte Anne.

„Vielleicht mit dem Baumhaus?", schlug Philipp vor.

„Versuchen wir es!"

Die Geschwister liefen durch den Innenhof, über die Zugbrücke und rannten über das gefrorene Gras zurück zu dem mondbeschienenen Hain.

Mit dem roten Umhang im Arm kletterte Anne die Strickleiter hoch. Philipp kam direkt hinterher. Im Baumhaus setzten sie sich auf den Boden.

Anne hob die königliche Einladung auf und las sie noch einmal durch. „Wir machen

die Augen zu und ich spreche den Wunsch", sagte sie.

Philipp machte die Augen zu. Er zitterte vor Kälte.

„Ich wünschte, wir könnten in die Anderswelt reisen", sagte Anne.

Die kahlen Zweige des Baumes knarrten im Wind.

„Ich glaube, es funktioniert", flüsterte Anne.

Der Wind legte sich.

Philipp machte die Augen wieder auf und die Geschwister sahen aus dem Fenster. Draußen ragte immer noch das dunkle Schloss gegen den Himmel.

„Es ha…ha…hat nicht ge…geklappt", sagte Philipp mit klappernden Zähnen.

„Doch, hat es! Schau mal nach unten!", widersprach Anne.

Direkt unter dem Baumhaus stand der

größte Hirsch, den Philipp jemals gesehen hatte. Der Hirsch schaute sie mit seinen großen bernsteinfarbenen Augen an und sein riesiges Geweih sah aus, als ob es im kalten Mondlicht leuchten würde.

Am auffälligsten aber war, dass der Hirsch schneeweiß war.

„Ein weißer Hirsch", flüsterte Philipp.

Weiße Atemwolken kamen aus den Nüstern des Tieres. Es machte einen Schritt auf das Baumhaus zu und schüttelte seinen riesigen Kopf.

„Er ist gekommen, um uns zu unserer Reise abzuholen", sagte Anne.

„Man kann doch nicht auf einem Hirsch reiten!", widersprach Philipp.

Aber Anne kletterte schon wieder die Strickleiter hinunter.

Vom Fenster aus beobachtete Philipp, wie sie auf den Hirsch zuging und leise auf ihn einsprach. Der Hirsch kniete nieder und Anne kletterte auf seinen Rücken.

„Komm schon!", rief Anne. „Und bring den Umhang mit!"

„Schon gut, schon gut", sagte Philipp. Er raffte den schweren Samtumhang zusammen, hielt ihn in den Armen und kletterte die Leiter hinunter. Dann lief er zu Anne und dem weißen Hirsch.

„Leg den Umhang um und setz dich hinter mich", sagte Anne.

Philipp hängte sich den Umhang über den Rucksack, zog ihn vorne zusammen und knöpfte ihn zu. Der Umhang hüllte ihn ein und unter dem weichen Stoff fühlte er sich auf einmal warm und geborgen.

„Fertig?", fragte Anne.

„Ja", sagte Philipp entschlossen und kletterte hinter seiner Schwester Anne vorsichtig auf den Rücken des Hirsches.

Langsam erhob sich der weiße Hirsch. Anne beugte sich nach vorne und legte ihre Arme um seinen Hals. Philipp beugte sich auch nach vorne und hielt sich an Anne fest. Der rote Samtumhang umhüllte sie nun alle beide und fiel beinahe bis über ihre Füße.

Anmutig lief der weiße Hirsch über das gefrorene Gras. Er blies noch einmal eine große Atemwolke in die Luft und rannte dann leichtfüßig los.

Philipp hielt Anne fest umklammert, während der Hirsch über ein gefrorenes Feld preschte. Er sprang über Hecken und Mauern und eisbedeckte Flüsse.

Philipp war überrascht, wie leicht es war, auf dem weißen Hirsch zu reiten. Er fühlte sich völlig sicher, während der Hirsch wie eine weiße Sternschnuppe durch die winterliche Landschaft eilte.

Der Hirsch rannte vorbei an Schaf- und Ziegenherden, die auf den Wiesen schliefen, vorbei an Hütten und dunklen Ställen.

Der Hirsch rannte und rannte durch die sternenklare Nacht. In der Ferne sah Philipp eine von Wolken verhangene Bergkette. Philipp erwartete, dass der Hirsch stehen bleiben würde, wenn sie die zerklüfteten Berge erreicht hatten. Doch er galoppierte weiter. Er wurde nicht einmal langsamer, als er den felsigen Hang hinauflief.

Am Rand einer steilen Klippe blieb der Hirsch endlich stehen. In dem windigen Wirbel aus Wolken und Nebel, der aus dem

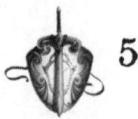

Abgrund emporwehte, kniete der Hirsch nieder und Anne und Philipp glitten von seinem Rücken.

Der Hirsch stand auf und sah mit seinen warmen Bernsteinaugen auf sie hinunter.

„Vielen Dank", sagte Anne. „Du musst jetzt wohl wieder gehen, oder?"

Der Hirsch senkte und hob seinen Kopf. Er blies noch eine Atemwolke in die Luft und verschwand mit einem einzigen großen Satz im Nebel.

„Auf Wiedersehen", murmelte Anne wehmütig. Sie starrte einen Augenblick in den Nebel und wandte sich dann an Philipp. „Und was machen wir jetzt?"

„Keine Ahnung!", antwortete Philipp. „Lass uns doch die drei Reime noch einmal lesen."

Unter dem Umhang setzte er seinen Rucksack ab, zog sein Notizbuch hervor und las den ersten Reim noch einmal vor: *„Hinter dem eisernen Tor ..."*

Anne unterbrach ihn: „Philipp! Schau doch!"

Philipp sah hoch. Durch den Wind hatte sich der Nebel etwas gelichtet. Auf der anderen Seite der Klippe erhob sich ein weiterer Berg. In den Hang war ein großes eisernes Tor gebaut. Durch die dicken Eisenstäbe des Tores schien ein fahles Licht. Links und rechts standen zwei Ritter in goldenen Rüstungen unter flackernden Fackeln Wache.

„Oh Mann", flüsterte Philipp.

„Das ist es: das eiserne Tor", flüsterte Anne. „Wenn wir dort hindurchgehen, sind wir in der Anderswelt!"

EIN GUTER TRICK

Als der Wind noch mehr Nebel wegblies, entdeckten Anne und Philipp die Brücke. Sie bestand aus dicken Holzplanken, die von Eisenbändern zusammengehalten wurden, und erstreckte sich von dem Rand der Klippe, auf der sie standen, bis vor das eiserne Tor.

„Komm, wir gehen", sagte Anne.

„Warte!" Philipp hielt sie zurück. „Und was ist mit den Wachen?"

Die beiden Wachen standen stockstill und ihre riesigen Lanzen glänzten im Licht der Fackeln.

„Ich weiß auch nicht", sagte Anne. „Lies doch den zweiten Reim noch einmal."

Philipp schaute wieder in sein Notizbuch und las laut:

"Vier Geschenke müsst ihr dazu haben:
Das erste von mir – worauf ich euch verlasse.
Außerdem einen Kompass
und eine Tasse,
dann noch einen Schlüssel –
das sind die Gaben."

„Das erste Geschenk war der Umhang des Roten Ritters", sagte Anne.

„Stimmt. Und irgendwie soll der uns wahrscheinlich auch helfen, oder?", fragte Philipp.

Er knöpfte den Umhang auf, nahm ihn von den Schultern und hielt ihn vor sich.

„Vielleicht kann er uns unsichtbar machen?", vermutete Anne.

„Du bist verrückt", sagte Philipp.

„Nein, überleg doch mal: In Geschichten ist das manchmal so!", beharrte Anne.

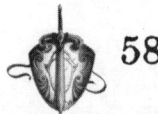

„Tja, mich hat er aber nicht unsichtbar gemacht, oder?", trumpfte Philipp auf.

„Vielleicht hast du ihn ja auch nur falsch angezogen?", meinte Anne. „Gib ihn mir doch mal!"

„Oh Mann", sagte Philipp genervt, aber er reichte den Umhang weiter. Der Stoff flatterte im Wind, als Anne ihn sich um ihre Schultern legte.

„Und, siehst du mich?", fragte sie.

Philipp verdrehte die Augen. „Ja, Anne, ich sehe dich", sagte er.

Philipp drehte sich um und sah auf die andere Seite zum Tor.

„Und jetzt, Philipp? Siehst du mich?"

Philipp wandte sich um. Anne war nun verschwunden.

„Wo bist du?", fragte er und starrte in die Dunkelheit.

„Cool, es funktioniert!"

„Wo bist du?", fragte Philipp noch einmal und drehte sich wieder.

„Hier!"

Philipp spürte, dass eine Hand sein Gesicht berührte.

„Ah!", schrie er und wich zurück.

„Ich bin es nur. Ich bin wirklich unsichtbar. Ich habe einfach nur die Kapuze aufgesetzt, das ist der ganze Trick!"

Philipp bekam eine Gänsehaut.

„Oh Mann", flüsterte er.

„Sieh her, jetzt setze ich die Kapuze wieder ab."

Sofort war Anne wieder da.

Philipp war sprachlos.

„Der Zauber funktioniert nur, wenn man die Kapuze aufsetzt", erklärte Anne. „Guter Trick, oder?"

„Äh ... ja", stammelte Philipp und schüttelte ungläubig den Kopf. „Das ist ja wirklich seltsam!"

„Ganz egal, wie seltsam das sein mag!", meinte Anne. „Hauptsache, wir kommen auf diese Weise an den Wachen vorbei! Außerdem können wir uns damit in der Anderswelt prima verstecken. Schließlich wissen wir nicht, was uns dort erwartet, nicht wahr?"

„Ja, stimmt", gab Philipp zu.

„Gut, dann stell dich jetzt neben mich und halte still", sagte Anne.

Philipp steckte sein Notizbuch wieder ein und Anne legte den Umhang über seinen Rucksack und um seine Schultern.

„Super! Der Umhang ist groß genug für uns beide", stellte Anne zufrieden fest. Sie zupfte den Stoff sorgfältig zurecht, dann zog sie die Kapuze über ihre beiden Köpfe.

Philipp blickte an sich herab – aber er konnte seinen Körper nicht sehen. Er hatte das Gefühl, als würde er keine Luft bekommen, und zog sich die Kapuze vom Kopf.

„Das ist schrecklich!", rief er.

„Ich habe dir doch schon gesagt, dass es unheimlich ist", sagte Anne. „Aber wenn wir sie nicht aufsetzen, dann kommen wir nie an den Wachen vorbei."

„Ja, ich weiß, und wir sind völlig schutzlos in der Anderswelt." Philipp seufzte und holte tief Luft. „Na gut! Ich versuche es noch mal!"

Anne zog die Kapuze wieder über ihre Köpfe.

„Ich werde die Kapuze festhalten, damit der Wind sie uns nicht vom Kopf weht", erklärte sie. „Du musst an gar nichts anderes denken als daran, über die Brücke zu gehen!"

„Aber ich kann ja meine Füße nicht sehen!", jammerte Philipp.

„Du musst doch deine Füße nicht sehen, um zu laufen", sagte Anne. „Gib dir Mühe! Tu es für Morgan!"

„Du hast recht", sagte Philipp.

Die Geschwister betraten die Brücke.

„Schau auf gar keinen Fall nach unten!", riet Anne.

Als sie weitergingen, pfiff ihnen der Wind um die Ohren – und dann konnte Philipp auf einmal nicht anders: Er sah nach unten!

Nicht nur, dass er seinen eigenen Körper nicht sehen konnte, unter ihnen wirbelte auch noch der Nebel in wilden Spiralen! Philipp wurde schwindelig und er fühlte sich, als ob er gleich ohnmächtig werden würde. Er blieb stehen.

„Geh weiter", flüsterte Anne.

Philipp atmete noch einmal tief ein, blickte geradeaus und ging dann zielstrebig weiter. Langsam, Schritt für Schritt, ging er auf das fahle Licht zwischen den Eisenstangen des Tores zu.

Im flackernden Licht der Fackeln sahen die beiden Wachen aus wie Riesen. Philipp hielt den Atem an, als sie – für die beiden unsichtbar – an ihnen vorüberschlichen.

„Und wie sollen wir jetzt das Tor aufbekommen?", rätselte Philipp.

„Woooschh!", machte Anne auf einmal laut.

Philipp blieb beinahe das Herz stehen. War Anne jetzt völlig verrückt geworden? „Was tust du denn da?", flüsterte er.

„Ich bin der Wind", flüsterte Anne zurück. „Huuii!"

Anne versetzte dem Tor einen Stoß und es schwang auf, als ob der Wind es aufgedrückt hätte.

Philipp sah sich um. Die Wachen sahen direkt zu ihnen herüber.

„Schnell", flüsterte Anne.

Die Geschwister liefen rasch durch das offene Tor.

„Huiiii", machte Anne noch einmal und schob das Tor wieder zu. Es fiel mit einem lauten „*Bäng!*" ins Schloss. Durch die Gitterstäbe beobachtete Philipp, wie die beiden Wachen sich wieder der Brücke zuwandten.

„Gut gemacht", flüsterte er Anne zu.

„Danke", sagte sie.

Philipp und Anne drehten dem Tor den Rücken zu.

„Oh", flüsterte Anne.

„Die Anderswelt!", wisperte Philipp.

DIE ANDERS-WELT

Die Anderswelt unterschied sich grundlegend von der dunklen, kalten Welt, die Philipp und Anne gerade hinter sich gelassen hatten.

Sie standen am Rand einer hellen grünen Wiese, die in warmes rosiges Sonnenlicht getaucht war. Drei Pferde – ein schwarzes, ein braunes und ein graues – grasten ganz in der Nähe und auf dem Hügel jenseits der Wiese blühten rote und violette Blumen.

„Es ist ja so hübsch hier!", rief Anne.

„Ja, vielleicht brauchen wir den hier dann jetzt auch gar nicht mehr", sagte Philipp und zog ihnen den Umhang von den Köpfen. Er war richtig erleichtert, Annes Gesicht wieder sehen zu können – und natürlich auch sich selbst!

„Wie lautet der erste Reim noch gleich?", fragte Anne.

Philipp holte sein Notizbuch heraus, blätterte kurz und las dann vor: *„Hinter dem eisernen Tor im Garten werden die Hüter des Kessels warten."*

Er sah sich vorsichtig um. „Wo sie wohl stecken, die Hüter des Kessels?"

„Psst", machte Anne auf einmal. „Hör doch mal!"

Von der anderen Seite des Hügels hörten sie fröhliche Musik.

„Vielleicht spielen die Hüter des Kessels ja diese Musik?", meinte Anne.

„Kann schon sein …" Philipp lauschte einen Augenblick und lächelte dann. Von der Musik wurde ihm ganz fröhlich zumute.

„Komm, wir schauen uns die Hüter mal an!", schlug Anne vor.

„Nicht so eilig!", sagte Philipp. „Sollten wir uns nicht zuerst wieder unsichtbar machen? Für alle Fälle?"

„Du hast recht", gab Anne seufzend zu.

Philipp zog ihnen wieder die Kapuze über die Köpfe. Dann gingen sie unsichtbar über die weiche Wiese, vorbei an den grasenden Pferden und den mit Blumen übersäten Hügel hinauf. Oben angelangt, schauten sie hinunter.

„Oh Mann", sagte Philipp.

Der Hügel mündete in eine leicht diesige Waldwiese, in deren Mitte Musikanten auf Flöten, Trommeln, Hörnern und Geigen spielten. Sie trugen blaue und grüne Jacken sowie weiße und gelbe Kleider. Um sie herum tanzten Leute in einem Kreis.

Die Tänzer sahen aus wie Menschen – doch sie hatten eine schimmernde goldene Haut und Flügel, die im leichten Nebel aussahen wie gesponnenes Silber.

„Sie sind so wunderschön!", flüsterte Anne.

„Ja, das sind sie!", bestätigte Philipp.

„Ich glaube nicht, dass wir unsichtbar bleiben müssen", sagte Anne.

„Bestimmt nicht!", stimmte Philipp seiner Schwester zu.

Sie warfen ihren Umhang ab, ließen ihn im taubenetzten Gras liegen und rannten den Hügel hinab zu den geflügelten Tänzern. Doch die Tänzer beachteten sie gar nicht, sondern tanzten einfach fröhlich weiter im Kreis.

„Ich möchte so gerne mit ihnen tanzen", sagte Anne.

„Ich auch", flüsterte Philipp. Das war ungewöhnlich, denn normalerweise tanzte Philipp nicht besonders gerne. Aber jetzt wollte er unbedingt mittanzen.

Philipp setzte seinen Rucksack ab und sah drei Schwerter im Gras liegen. Doch er wunderte sich nicht weiter darüber, denn die Musik rief.

Die geflügelten Tänzer öffneten ihren

Reigen, um Anne und Philipp in ihrem Kreis zu begrüßen. Anne hielt Philipps rechte Hand und er ergriff die Hand der schlanken goldenen Tänzerin zu seiner Linken.

Die Tänzerin lächelte ihm zu. Wie die anderen, so war auch sie so groß wie eine Erwachsene, doch in ihrem Gesicht waren keine Falten. Alle Tänzer sahen jung aus – und gleichzeitig uralt!

Während Philipp im Kreis tanzte, machte sein Herz einen Sprung und seine Seele schien zu fliegen. Er verlor seine Brille, doch das kümmerte ihn überhaupt nicht, er tanzte einfach weiter! Und beim Tanzen wurde alles in seinem Gedächtnis auf einmal verschwommen und undeutlich. Er vergaß Morgan, er vergaß Camelot, seine Aufgabe und das Wasser der Erinnerung und Fantasie. Er vergaß all seine Ängste und all seine Sorgen.

„Philipp, sieh doch!", rief Anne.

Philipp sah sie an. „Hallo", antwortete er lachend.

„Nein, nicht mich sollst du anschauen, schau dort drüben! Auf der anderen Seite des Kreises!", rief sie.

„Ich sehe gar nichts", antwortete Philipp.

„Die drei Ritter!", rief Anne. „Die drei tanzenden Ritter!"

„Super", sagte Philipp.

„Nein, Philipp, schau doch genau hin! Sie sehen fürchterlich aus. Richtig krank!", schrie Anne. Sie riss sich los und fiel ins feuchte Gras.

„Philipp", rief sie. „Hör auf zu tanzen!"

Aber Philipp wollte gar nicht aufhören. Er wollte immer weiter zu dieser wilden Musik tanzen, immer weiter und weiter ...

Anne lief hinter ihrem Bruder her.

„Aufhören, Philipp!", rief sie. Sie packte ihn

an seinem T-Shirt und versuchte, ihn aus dem Kreis der Tänzer zu ziehen.

„Lass mich los, Anne!", protestierte Philipp.

Aber Anne ließ nicht los. Sie zog so fest, dass Philipp schließlich die Hände der anderen Tänzer nicht mehr festhalten konnte und ins Gras purzelte.

Die Tänzer und Tänzerinnen mit den silbernen Flügeln schienen das nicht einmal zu bemerken. Sie schlossen einfach den Kreis wieder und tanzten weiter.

„Warum hast du das getan?", rief Philipp. „Das hat mir Spaß gemacht!"

„Schau dir die Ritter an", sagte Anne. „Siehst du sie?"

Philipp sah gar nichts.

Die ganze Welt drehte sich vor seinen Augen und er wünschte sich nichts sehnlicher, als weitertanzen zu dürfen.

„Hier, ich habe deine Brille gefunden",
sagte Anne und reichte sie ihm. „Setz sie auf."

Philipp setzte seine Brille auf und schaute auf den Kreis der Tänzer und Tänzerinnen. Sein Blick blieb an im Sonnenlicht glänzenden Rüstungen hängen. Er erkannte drei tanzende Ritter. Zwei von ihnen sahen sehr jung aus. Der dritte war wesentlich älter.

Als der sich drehende Kreis die drei Ritter näher brachte, konnte Philipp ihre Gesichter genauer erkennen. Sie schienen keine Freude an der Musik zu haben. Die Ritter sahen müde und erschöpft aus. Ihre Haare und Bärte waren lang und struppig und ihre Gesichter blass und schmal. Ihre Augen blickten starr und wild und auf ihren Lippen war ein geisterhaftes Lächeln eingefroren.

„Was ist denn mit denen los?", fragte Philipp.

„Ich glaube, sie können nicht mehr aufhören zu tanzen", sagte Anne. „Sie tanzen sich zu Tode."

„Das müssen die verschwundenen Ritter von Camelot sein!", vermutete Philipp.

„Wir müssen sie retten!", beschloss Anne.

„Ja", sagte Philipp und strengte sich an, wieder klar zu denken. „Was hältst du davon:

Wir reihen uns wieder ein, und zwar zwischen den Elfen und den Rittern ..."

„Super!", unterbrach ihn Anne. „Und dann können wir die Ritter aus dem Kreis herausziehen!"

„Aber was soll ich tun, wenn ich auf einmal selbst nicht mehr aufhören kann zu tanzen?", wandte Philipp ein.

„Du darfst dich bloß nicht von der Musik verführen lassen!", riet Anne. „Du musst an etwas anderes denken: daran, weshalb wir hergekommen sind. Denk an Morgan!"

„Gut!" Philipp nickte. „Ich werde es versuchen."

Philipp und Anne hockten sich ins Gras und warteten. Die Ritter kamen näher und immer näher.

„Jetzt!", schrie Anne.

Die Geschwister preschten nach vorne

und reihten sich links und rechts neben den Rittern in den Kreis der Tanzenden ein. Sobald Philipp wieder anfing zu tanzen, war es ihm, als ob seine Beine im Rhythmus der Musik fliegen würden. Eine unbeschreibliche Freude ergriff ihn und es gab nichts mehr, worüber er sich Sorgen machte.

„Jetzt, Philipp!", rief Anne. „Lass los!"

Aber Philipp wollte gar nicht loslassen. Er hörte die Musik und nichts war mehr wichtig ... nur das Tanzen.

„Philipp! Lass los! Sofort!", schrie Anne noch einmal.

Philipp schüttelte den Kopf, als ob er Annes Stimme abschütteln wollte.

„Morgan!", brüllte Anne. „Philipp, denk an Morgan!"

Bei dem Namen „Morgan" stolperte Philipp. Dann nahm er alle seine Kraft zusammen, um mit dem Tanzen aufzuhören. Er ließ die Hand des Tänzers an seiner Rechten los und drängte aus dem Kreis. Den Ritter zu seiner Linken zog er einfach mit sich. Anne und die anderen beiden Ritter stolperten mit ihm zusammen ins Gras.

Genau wie vorhin schienen die Tanzenden das gar nicht zu bemerken. Sie schlossen den Kreis wieder und tanzten ihren fröhlichen, zeitlosen Tanz weiter.

DIE GESCHENKE DER RITTER

Die drei Ritter lagen im Gras und rangen um Atem.

„Der Tanz ... aufhören ... wir müssen aufhören ...", keuchte der älteste der drei Ritter.

„Sie haben schon aufgehört", sagte Anne. „Wir haben Sie aus dem Kreis herausgezogen!"

Der Ritter machte die Augen auf und blickte Anne und Philipp verwundert an. Er hatte ein raues, zerfurchtes Gesicht. „Wer ... wer seid ihr?", fragte er.

„Freunde", sagte Anne laut, um die Musik zu übertönen. „Wir kommen von König Artus' Schloss."

„Wir haben eine Aufgabe zu erfüllen", ergänzte Philipp. „Wir wollen das Wasser der Erinnerung und Fantasie holen!"

„Camelot ...", flüsterte der Ritter. „Wir kommen auch von Camelot ... Aber ich kenne euch gar nicht ..."

„Wir sind auch nur zu Besuch", erklärte Anne. „Aber wir wissen viel über Sie. Sie sind Lancelot, nicht wahr?"

„Das stimmt", flüsterte der Ritter.

„Und das sind dann Sir Parzival und Sir Galahad", sagte Philipp.

„Ja ... mein Sohn, Galahad ...", bestätigte der Ritter.

„König Artus glaubt, Sie wären für immer verloren", sagte Anne.

Sir Lancelot schloss die Augen. „Dieser Tanz ... wir haben alles vergessen ..."

„Ich weiß", sagte Philipp schaudernd. „Ich glaube, die Tänzer sind die Hüter des Kessels. Man kann nicht an ihnen vorüber, ohne sich in ihren Tanz hineinziehen zu lassen."

„Vater ... wir müssen doch ... das Wasser ..." Galahad versuchte, sich aufzusetzen, aber er war zu erschöpft und sank zurück ins Gras.

„Es ist schon gut!", beruhigte ihn Anne. „Sie müssen sich erst einmal ausruhen!"

Galahad schloss die Augen.

„Ja, keine Sorge", sagte Philipp. „Anne und ich werden das erlösende Wasser für Camelot finden!"

„Ihr? Aber ihr seid doch nur Kinder!", stöhnte Parzival, der dritte der Ritter. „Ihr müsst warten, bis ..."

„Zum Warten ist keine Zeit", unterbrach Philipp ihn.

„Genau! Camelot wird sterben! Wir müssen uns beeilen", sagte Anne beschwörend.

„Dann müsst ihr aber ... Nehmt das hier", sagte Galahad. Er fasste in eine Ledertasche, die er um die Schulter geschlungen hatte, und nahm eine silberne Schale heraus. Mit zitternden Händen reichte der junge Ritter Anne die Tasse.

„Eine Tasse!", rief Anne.

„Und nehmt auch das hier", sagte Parzival. Er nahm ein kleines hölzernes Kästchen von seinem Gürtel. Dann reichte er es vorsichtig Philipp und Anne.

Philipp öffnete den Deckel. In der Mitte des Kästchens war ein Pfeil und drum herum waren eine Menge Markierungen.

„Ein Kompass!", rief Philipp.

„Und das hier ...",
sagte Lancelot und
streifte sich eine Seiden-
schnur vom Hals. Daran hing ein gläserner
Schlüssel.

„Ein Schlüssel", flüsterte Anne.

Lancelot gab Anne den Schlüssel. Die
Geschwister betrachteten ihn eingehend,
dann hängte Anne sich den Schlüssel um den
Hals. Als sie sich wieder umwandten, waren
die drei Ritter tief und fest eingeschlafen.

„Schlaft gut", sagte Anne leise.

„Ich glaube, die drei müssen ganz schön viel Schlaf nachholen!"

Anne und Philipp standen auf.

„Dann haben wir jetzt alle Gaben, oder?", fragte Philipp. „Aber ich glaube, ich lese besser noch einmal nach."

Er lief zurück zu seinem Rucksack, der im Gras neben den Schwertern der drei Ritter lag. Er zog sein Notizbuch hervor und las den zweiten Reim noch einmal:

„Vier Geschenke müsst ihr dazu haben:
Das erste von mir – worauf ich euch verlasse.
Außerdem einen Kompass
und eine Tasse,
dann noch einen Schlüssel –
das sind die Gaben."

„Super", sagte Anne. „Wir haben den Umhang des Weihnachtsritters und die weiteren Gaben von den anderen drei Rittern. Diese Aufgabe ist wirklich nicht besonders schwer!"

Philipp schüttelte den Kopf. „Wir haben sie noch nicht gelöst!", warnte er. „Wir müssen immer noch den Kessel mit dem Wasser der Erinnerung und Fantasie suchen!"

„Kein Problem", sagte Anne. „Lies den dritten Reim noch einmal."

Philipp schaute wieder in sein Notizbuch und las vor:

*„Wer diese Aufgabe erfüllt,
gehört zu den Besten
und findet die geheime Tür
ganz einfach im Westen."*

„Siehst du? Gar kein Problem!", sagte Anne zuversichtlich. „Wir haben die Wächter und die Tänzer überwunden. Jetzt wird der Kompass uns zeigen, wo Westen ist. Wir haben den Schlüssel, um die geheime Tür zu öffnen. Dann füllen wir die Tasse mit dem Wasser aus dem Kessel. Ist doch alles ganz einfach!"

Philipp machte sich trotzdem noch Sorgen. „Das alles ist möglicherweise ein bisschen zu einfach!", dachte er.

„Worauf warten wir noch?", fragte Anne. „Komm, lass uns gehen!"

Philipp sah auf den Kompass. „Gut ...", sagte er. „Der Pfeil zeigt nach Norden.

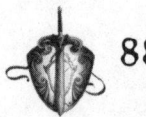

Dann ist Westen also hier!" Er deutete nach links auf ein Dickicht aus Büschen und kleinen Bäumen.

„Super", sagte Anne. „Hier, steck doch die Tasse erst einmal in den Rucksack!"

Philipp verstaute sein Notizbuch und die Tasse in seinem Rucksack, dann gingen sie los.

Sie bückten sich unter Äste und bahnten sich ihren Weg durch Büsche. Dornen zerkratzten ihnen die Hände und Zweige schlugen ihnen ins Gesicht.

„Hör doch, wie still es auf einmal ist", sagte Anne.

Tatsächlich war es auf einmal unheimlich still in dem Dickicht. Keine Vögel zwitscherten in den Büschen, keine Musik drang zu ihnen herüber.

Philipp sah noch einmal auf den Kompass.

„Laut Kompass gehen wir immer noch nach Westen", stellte er fest. „Hoffentlich funktioniert dieses Ding hier überhaupt!"

„Es funktioniert", sagte Anne leise. „Schau, dort!"

Anne zog einen belaubten Ast zurück und deutete auf einen felsigen Hügel jenseits des Dickichts. Auf halber Höhe den Hügel hoch war ein Felsvorsprung und darauf schimmerte zwischen zwei riesigen Felsen eine Glastür.

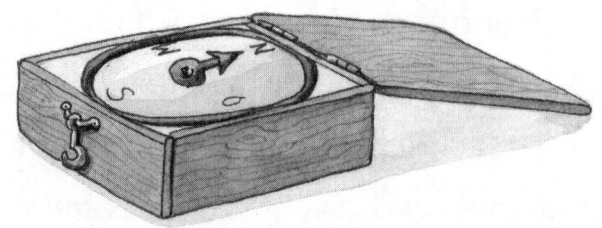

DIE KRISTALL-HÖHLE

„Die geheime Tür", flüsterte Philipp.

Er steckte den Kompass in seinen Rucksack, dann kämpften Anne und er sich durch das Unterholz und kletterten über die Felsen zu der Tür.

Anne nahm Sir Lancelots Glasschlüssel vom Hals, steckte ihn in das Schlüsselloch und drehte ihn langsam um.

Klick!

„Juchhu!", rief Anne leise und schob die Tür auf.

Vor ihnen tat sich eine riesige, glitzernde Höhle auf. Der Boden, die Wände und die Decke – alles war aus Kristall.

Anne und Philipp traten ein. Die Höhle war erfüllt von tanzenden lilafarbenen Lichtstrahlen.

„Es ist so hell hier drin", flüsterte Philipp. „Wo kommt nur dieses lilafarbene Licht her?"

„Schau nur, dort drüben", sagte Anne und deutete auf einen Spalt in der Wand. „Komm, wir sehen mal nach!"

Sie durchquerten die Höhle und spähten durch den Spalt in eine weitere Höhle. In ihren glitzernden, kristallenen Wänden waren vier Türen und in der äußersten Ecke brannte ein Feuer, dessen Flammen lila tanzten. Über dem Feuer hing ein schimmernder goldener Kessel.

„Das ist er", flüsterte Philipp.

„Wahnsinn", murmelte Anne.

„Der Kessel mit dem Wasser der Erinnerung und Fantasie", wisperte Philipp.

„Genau! Lass uns hingehen!", raunte Anne.

Sie quetschten sich durch den Spalt und gingen auf den schimmernden Kessel zu. Philipp holte Galahads silbernen Becher aus seinem Rucksack.

„Der Kessel ist zu hoch", jammerte Anne. „Wir kommen ja gar nicht an das Wasser!"

„Hier, nimm du den Becher und klettere auf meinen Rücken", sagte Philipp. Er bückte sich und nahm Anne huckepack. Philipp stand wackelig auf. „Mann, bist du schwer!", stöhnte er. „Mach schnell!"

Anne streckte sich, so weit sie konnte, und schöpfte Wasser aus dem blubbernden Kessel.

„Geschafft", flüsterte sie. „Jetzt setz mich wieder ab – aber vorsichtig!"

Anne hielt den Becher mit beiden Händen fest, während Philipp vorsichtig wieder in die

Knie ging. Dann kletterte sie langsam wieder von seinem Rücken. Einen Augenblick lang schauten sie schweigend in das Wasser der Erinnerung und Fantasie in der Tasse. Es war klar und glitzerte.

„Jetzt können wir Morgan retten", sagte Anne.

Genau in diesem Moment bemerkte Philipp einen seltsamen Geruch nach verrottendem Seegras. Dann hörte er ein eigentümliches Gurgeln hinter sich.

Anne und Philipp blickten nach hinten.

Ein riesiges schlammfarbenes Wesen kam durch eine der Türen gekrochen. Das Wesen war lang und schuppig wie ein Krokodil – nur viel, viel größer! Es hatte Flügel, die aussahen, als bestünden sie aus Tausenden von Spinnennetzen. Es hatte glühende rote Augen und lange, gebogene Krallen. Das Geschöpf

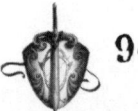

öffnete sein riesiges Maul und Spucke tropfte von seinen langen, spitzen Zähnen. Das Tier zischte bösartig und dabei schoss eine heiße bläuliche Flamme aus seinem Maul.

Durch eine der anderen Türen kroch ein weiteres Ungeheuer, dann ein drittes und ein viertes.

„Iiihh", flüsterte Anne.

„Das sind jetzt wohl die echten Hüter des Kessels!", raunte Philipp.

Die vier echten Hüter des Kessels krochen langsam näher, dabei fauchten und zischten sie und schnaubten blaues Feuer.

„Und was machen wir nun?", fragte Anne leise.

„Ich weiß auch nicht", flüsterte Philipp zurück. „Wir sitzen in der Falle!"

„Ich habe eine Idee!", raunte Anne. „Wir trinken von dem Wasser!"

„Und dann?", fragte Philipp.

„Es ist doch das Wasser der Erinnerung und Fantasie, oder?", fragte Anne. „Also, wenn wir davon trinken, dann haben wir vielleicht einen fantastischen Einfall, wie wir hier rauskommen!"

„Du bist ja verrückt", sagte Philipp.

Die Hüter krochen näher und spien dabei

unentwegt Feuer. Ihr ekliger Gestank erfüllte die Luft.

„Na gut, lass es uns versuchen", sagte Philipp schnell.

Anne nahm einen kleinen Schluck aus dem silbernen Becher und reichte ihn dann an Philipp weiter. Seine Hand zitterte, als er den Becher an die Lippen führte und einen Schluck trank. Das Wasser schmeckte süß, bitter und würzig – alles in einem!

Philipp gab Anne den Becher zurück.

„Und jetzt stell dir vor, wir wären gerettet!", ordnete Anne an.

Philipp schloss die Augen und versuchte, sich vorzustellen, sie wären gerettet. Er stellte sich vor, wie die vier Hüter rückwärts in die Gänge zurückkrochen, durch die sie gekommen waren.

„Okay, bereit zu kämpfen?", fragte Anne.

Philipp riss die Augen auf. „Was?", fragte er. „Wieso kämpfen?"

Anne stellte die silberne Tasse vorsichtig auf den Boden.

„Los!", rief sie.

Auf einmal hatte Philipp das Gefühl, als sei er von einem Blitz getroffen worden. Jegliche Angst fiel von ihm ab und er fühlte sich stark und voller Wut.

Ohne nachzudenken, machte er gleichzeitig mit Anne einen Satz auf das Feuer unter dem Kessel zu. Beide griffen je nach zwei langen Ästen vom Rand des Feuers und hoben sie hoch in die Luft. An den Ästen loderte das lilafarbene Feuer.

„Aaaahhh!", schrien Philipp und Anne.

Die vier Hüter fauchten noch wütender als zuvor. Große Feuerbälle sprühten aus ihrem Mund und ihren Nasen.

Philipp und Anne hieben mit ihren feurigen Waffen durch die Luft und stießen damit nach den Hütern. Sie kämpften mit Feuer gegen Feuer: blaue Flammen gegen lilafarbene Flammen.

„Zurück! Zurück!", schrien sie.

Mit jedem Schrei und jedem Stoß fühlte Philipp sich stärker und mutiger. Mit ihren brennenden Ästen drängten sie die Hüter zurück an die Wand.

Die blauen Flammen der Hüter wurden immer schwächer – als ob ihnen der Brennstoff ausginge. Und schließlich verschwand ein Hüter nach dem anderen in dem Gang, aus dem er gekrochen war.

Als die Hüter nicht mehr zu sehen waren, lehnten Anne und Philipp je einen ihrer brennenden Äste vor eine der vier Türen, damit die Ungeheuer nicht wieder hervorkämen.

Dann wischten sie sich die Hände ab.

„Gehen wir", sagte Anne.

Philipp nickte.

Anne nahm die silberne Tasse wieder in die Hand und dann drängten sich die beiden Geschwister durch den engen Spalt. Sie durchquerten die Kristallhöhle und traten hinaus ins helle Tageslicht.

Der gläserne Schlüssel steckte immer noch in der Tür.

Ganz ruhig und gelassen schloss Philipp die Tür hinter ihnen wieder zu, reichte Anne den Schlüssel – und dann gaben seine Beine unter ihm nach und er sank zu Boden.

IHRE PFERDE WARTEN!

„Ich kann noch gar nicht glauben, was gerade passiert ist", sagte Philipp.

„Und welchen Teil kannst du nicht glauben?", fragte Anne.

Philipp lachte und schüttelte den Kopf.

„Eigentlich nichts von alledem", sagte er.

Anne lachte jetzt auch. „Das war doch echt cool, oder?"

Philipp rückte seine Brille zurecht und sah sie an. „Nein, mal im Ernst. Kannst du erklären, was da eben passiert ist?", fragte er.

„Ich habe mir vorgestellt, dass wir die vier Hüter des Kessels mit flammenden Schwertern bekämpfen", erklärte Anne. „Und du?"

Philipp zuckte mit den Schultern. „Ich … ich habe mir einfach nur vorgestellt, dass die Hüter in ihre Höhlen zurückkriechen", erzählte er.

„Super", sagte Anne. „Dann haben wir ja beide bekommen, was wir uns vorgestellt haben!"

Aus der Höhle drang ein wütender Schrei.

„Oje", sagte Anne.

„Komm, gehen wir lieber!", schlug Philipp vor.

Er rappelte sich wieder auf und dann kletterten sie über die großen Felsen nach unten zurück in das Dickicht. Anne ging ganz vorsichtig, damit sie auch ja keinen Tropfen des wertvollen Wassers verschüttete.

Unten angekommen, zog Philipp erneut den Kompass von Parzival hervor. „Da wir nach Westen gegangen sind, um hierherzu-

gelangen, müssen wir jetzt nach Osten gehen, um zurückzukommen", sagte er.

Im Dickicht ging Philipp voraus, damit er den Weg für Anne frei machen konnte. Ohne zu sprechen, kämpften sie sich durch das Unterholz der Bäume und Büsche.

Irgendwann konnten sie die Musik in der Ferne hören. Sie folgten dem Klang und traten schließlich hinaus auf die Lichtung.

Die geflügelten Tänzer tanzten immer noch in ihrem magischen Kreis. Philipps Herz begann, wild zu klopfen. Er hätte zu gerne wieder mitgetanzt.

„Schau mal, die Ritter sind wieder wach", sagte Anne.

Lancelot, Galahad und Parzival standen etwas außerhalb des Tanzkreises.

„Hallo!", rief Anne ihnen zu. „Wissen Sie was? Wir haben es!"

Die Ritter kamen Philipp und Anne auf wackeligen Beinen entgegen. Sie sahen immer noch müde und mitgenommen aus, aber sie waren nicht mehr so blass.

„Wir haben das Wasser der Erinnerung und Fantasie!", jubelte Anne und hielt den silbernen Becher in die Höhe.

Die Ritter lächelten.

„Jetzt müssen wir es nur noch zurück nach Camelot bringen", sagte Philipp.

„Wir würden euch ja gerne helfen!", sagte Sir Lancelot. „Doch ich fürchte, wir haben unsere Pferde verloren!"

„Gar nicht!", widersprach Anne. „Ihre Pferde warten auf Sie!"

„Sie sind auf der anderen Seite des Hügels", erklärte Philipp.

Die Geschwister führten die Ritter über den Hügel. Unterwegs hob Philipp den roten

Samtumhang auf. Auf der Wiese waren die drei Pferde. Als die Tiere die Ritter sahen, wieherten sie und kamen angaloppiert. Sir Lancelot streichelte sein schwarzes Pferd, dann wandte er sich an Philipp und Anne.

„Ihr beide könnt mit mir zusammen nach Camelot reiten", schlug er vor.

„Vielen Dank", sagten sie.

Philipp legte sich den roten Umhang wieder über die Schultern. Lancelot half ihnen auf sein Pferd, dann stieg er selbst auf.

Anne saß direkt hinter Lancelot. Mit der rechten Hand hielt sie sich an dem Ritter fest, mit der linken Hand umklammerte sie den silbernen Becher.

„Kannst du das Wasser denn tragen, ohne es zu verschütten?", fragte Philipp besorgt.

„Ich versuche es", antwortete Anne.

Galahad stieg auf sein braunes Pferd und Parzival saß auf sein graues Pferd auf. Dann ritten die drei Ritter über die helle grüne Wiese.

Als sie zum eisernen Tor kamen, zogen die drei Ritter ihre Schwerter.

„Im Namen von König Artus von Camelot, öffnet das Tor!", rief Lancelot. Und obwohl er immer noch etwas heiser klang, lag eine

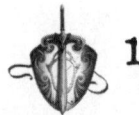

erstaunliche Entschlossenheit und Würde in seiner Stimme.

Das eiserne Tor schwang auf und Sir Lancelot trieb sein Pferd voran.

Hintereinander trotteten die Pferde über die hölzernen Planken.

Philipp war erneut erstaunt über den Unterschied zwischen dieser Welt und der Anderswelt. Hier war es dunkel, eisig und nebelig. Der rote Umhang flatterte in einem bitterkalten Wind.

Als die Pferde die Brücke verließen, wieherten sie laut.

„Hey, irre", flüsterte Anne.

Auf einem hohen Felsen stand im wirbelnden Nebel der weiße Hirsch.

DIE RÜCKKEHR

Die drei Ritter starrten den weißen Hirsch verwundert an.

„Hier, halte mal", sagte Anne zu Philipp und reichte ihm den silbernen Becher. Dann glitt sie von Lancelots Pferd und rannte auf den Hirsch zu.

„Danke, dass du uns wieder abholen kommst!", rief sie und schlang ihre Arme um seinen Hals.

Die drei Ritter schauten Philipp fragend an.

„Das ist der weiße Hirsch, der uns hierhergebracht hat", erklärte Philipp.

„Seid ihr etwa Zauberer?", fragte Parzival in gedämpftem Ton.

„Nein, nur ganz normale Kinder", beruhigte Philipp ihn. „Doch ich glaube, der Hirsch ist ein Zauberwesen. Wir sind wie im Flug von Camelot hierhergekommen. Ich vermute, er ist gekommen, um uns abzuholen."

„Dann müsst ihr auch mit ihm gehen!", entschied Lancelot. „Auf ihm wird eure Reise viel schneller gehen, da bin ich sicher!"

Sir Lancelot hielt die silberne Tasse, während Philipp vom Pferd stieg. Dann nahm Philipp die Tasse vorsichtig wieder und kletterte damit hinter Anne auf den weißen Hirsch. Er hielt die Tasse mit beiden Händen fest, als der Hirsch aufstand.

„Richtet Artus aus, wir werden noch vor der ersten Nacht des neuen Jahres zurück in Camelot sein", sagte Lancelot.

„Lebt wohl, Philipp und Anne", sagte Galahad.

„Glückliche Reise!", wünschte Parzival.

„Ihnen auch", sagte Anne.

„Gute Reise!", wünschte Philipp.

Die Ritter verbeugten sich feierlich.

Der weiße Hirsch blies eine Atemwolke in die frostige Luft. Dann lief er den Hang hinunter.

Als der Hirsch am Fuße des Berges angelangt war, lief er wieder so schnell wie eine Sternschnuppe. Der rote Umhang bauschte sich um die Geschwister, er hielt sie warm und schützte sie.

Der weiße Hirsch preschte über die winterlichen Felder. Er rannte vorbei an Schaf- und Ziegenherden, er sprang über zugefrorene Bäche und Flüsse, über Steinmauern und Hecken.

Der Hirsch rannte immer weiter durch die sternenklare Nacht und blieb erst stehen, als er Philipp und Anne wieder zurück zu dem dunklen Schloss Camelot gebracht hatte.

Er schritt über das gefrorene Gras und blieb schließlich in der Nähe des Haines unter dem Baumhaus stehen. Er kniete sich ins Gras, damit Anne und Philipp von seinem Rücken klettern konnten.

Wie durch ein Wunder war die silberne Tasse noch randvoll. Nicht ein einziger Tropfen war verschüttet worden.

„Ich glaube, den Umhang lassen wir besser hier", sagte Philipp. „Sonst stolpere ich noch darüber!"

Vorsichtig stellte Philipp die Tasse zu Boden und Anne half ihm, den roten Samtumhang aufzuknöpfen und abzunehmen. Dann legte sie dem Hirsch den Umhang über den Rücken.

„Der wird dich warm halten und beschützen", flüsterte sie. „Und hab vielen Dank für alles!"

„Ja, vielen Dank", sagte auch Philipp. „Auf Wiedersehen!"

Der weiße Hirsch sah die beiden mit seinen geheimnisvollen bernsteinfarbenen Augen an, nickte ihnen zu, drehte sich um und verschwand in der Dunkelheit.

Philipp nahm die Tasse wieder in die Hände.

„Komm", sagte er und überquerte mit raschen Schritten den äußeren Hof.

„Sei vorsichtig!", mahnte Anne.

„Bin ich ja!", erwiderte Philipp.

Sie gingen über die Zugbrücke in den inneren Schlosshof und schoben schließlich die riesigen Türen auf.

In der großen Halle war alles genau so, wie sie es verlassen hatten: düster und bitterkalt. König Artus, Königin Guinevere, die Ritter der Tafelrunde und Morgan standen immer noch erstarrt und schweigend um den Tisch.

„Und was sollen wir jetzt tun?", fragte Philipp.

„Wir könnten jeden von ihnen mit einem Tropfen des Wassers benetzen!", schlug Anne vor.

„Okay", sagte Philipp. „Dann los!"

Mit angehaltenem Atem und die Augen

fest auf die Tasse gerichtet, ging Philipp vorsichtig auf den runden Tisch zu. Auf einmal trat er mit dem linken Fuß auf den Schnürsenkel seines rechten Turnschuhs – und stolperte.

„Philipp!", schrie Anne.

Philipp versuchte, sich wieder zu fangen, doch es war zu spät. Er fiel und die silberne Tasse glitt ihm aus den Händen.

WEIHNACHTS-
ZAUBER

Entsetzt sahen Philipp und Anne, wie das Wasser auf den Steinboden spritzte und in den Ritzen zwischen den Steinplatten versickerte.

Philipp krabbelte zur Tasse und hob sie auf. Sie war leer.

„Oh nein!", stöhnte Philipp. Er lehnte sich zurück und stützte den Kopf in die Hände. „Jetzt wird Camelot nie wieder aufwachen!", dachte er. „Die Geschichte ist hier zu Ende und ich bin schuld!"

„Philipp", flüsterte Anne auf einmal neben ihm. „Sieh doch!"

Philipp hob den Kopf und rückte seine Brille

zurecht. Eine goldene Wolke kam aus allen Ritzen zwischen den Steinen im Fußboden.

Die Wolke breitete sich in Windeseile in der gesamten Halle aus und erfüllte den Raum mit einem wunderbaren Geruch nach Holzfeuer, Rosen und Mandeln. Sie stieg nach oben und waberte durch die oberen Fenster der Halle nach draußen.

Auf einmal erklang ein leises Lachen, das immer lauter wurde. König Artus und Königin Guinevere sahen einander an und lachten. Auch die Ritter der Tafelrunde lachten.

Doch am allermeisten freuten sich Anne und Philipp über Morgans Lächeln.

„Philipp! Anne!", rief Morgan. „Kommt her!"

„Morgan!", rief Anne.

Sie rannte zu Morgan, schlang ihre Arme um die Zauberin und ließ sie nicht mehr los.

Philipp stand auf. Die leere Tasse hielt er immer noch in den Händen, aber auch er rannte zu Morgan und umarmte sie.

„Wir haben getan, was der Weihnachtsritter uns aufgetragen hat", erzählte Anne. „Wir haben das Wasser der Erinnerung und Fantasie geholt."

„Doch dann ist mir die Tasse heruntergefallen", ergänzte Philipp. „Ich habe alles verschüttet!"

„Aber das Wasser hat eine goldene Wolke gezaubert!", sprudelte Anne weiter. „Und dann sind alle wieder aufgewacht!"

Morgan lachte und staunte.

„Ihr wart in der Anderswelt?", fragte sie.

„Ja", bestätigte Anne.

„Und der weiße Hirsch hat uns wieder zurückgebracht", sagte Philipp fröhlich. Er wandte sich an König Artus. „Wir haben gute Nachrichten, Majestät: Ihre Ritter sind wohlbehalten. Lancelot bat uns, Ihnen auszurichten, dass sie noch vor der ersten Nacht des neuen Jahres wieder zu Hause sein werden!"

Der König sah ihn verwirrt an. „Ihr habt sie gefunden?"

„Ja, und es geht ihnen gut", bestätigte Anne.

„Hier", Philipp reichte dem König die silberne

Tasse. „Würden Sie das hier bitte Galahad zurückgeben?"

„Und das hier ist für Lancelot", sagte Anne. Sie nahm den Glasschlüssel von ihrem Hals und gab ihn König Artus.

„Oh – und das hier geben Sie bitte Parzival", sagte Philipp. Er holte den hölzernen Kompass aus seinem Rucksack und reichte auch den dem König.

Zuerst war König Artus zu überrascht, um etwas zu sagen. Doch dann klatschte er in die Hände und lachte fröhlich.

„Vielen Dank", sagte er zu Anne und Philipp. Die Ritter der Tafelrunde jubelten.

„Läutet die Glocken!", ordnete der König an. „Ruft die Leute von Camelot im Schloss zusammen!"

„Sie haben sich schon alle vor der Tür versammelt, Eure Majestät", sagte ein Page.

„Hol sie herein!", rief König Artus. „Wir wollen zusammen feiern und fröhlich sein!"

Philipp und Anne hörten auf einmal Kinder lachen. Als sie sich umdrehten, um zu schauen, wo das herkam, sahen sie viele Menschen in die Halle strömen. Sie schleppten einen riesigen Tannenbaum, Kerzen sowie Tannen- und Palmenzweige in die große Halle. Hinter ihnen kamen Musiker mit ihren Instrumenten.

Alle gemeinsam begannen sie, die Halle zu schmücken. Die Musiker spielten ein wunderschönes Weihnachtslied und alle sangen mit.

Anne zupfte ihren Bruder am Ärmel. „Philipp, sieh nur: dort!"

Unter dem Torbogen stand der weiße Hirsch.

Philipp drehte sich aufgeregt zu Morgan um. „Sehen Sie den weißen Hirsch dort drüben?", fragte er sie. „Der hat uns in die Anderswelt gebracht."

Morgan lächelte.

„Ja, ich sehe ihn", sagte sie. „Und jetzt wird mir auch alles klar!"

Philipp schaute wieder zu der Tür. Der weiße Hirsch war verschwunden. An seiner Stelle stand ein alter Mann mit einem langen weißen Bart. In der Hand hielt er einen langen Stab und um die Schultern trug er einen

langen roten Samtumhang. Es war derselbe Umhang, den Philipp und Anne bei ihrem Ritt auf dem weißen Hirsch getragen hatten.

„Wer ist das?", fragte Philipp.

„Das ist Merlin, der Zauberer", erklärte Morgan. „Es war Merlin, der euch hierher eingeladen hat. Jetzt verstehe ich das!"

„Merlin?", wiederholte Philipp. „Er hat uns die königliche Einladung geschickt?"

„Genau", bestätigte Morgan. „Dann hat er alle anderen verzaubert und euch in die Anderswelt gebracht."

„Nein", widersprach Anne. „Der Rote Ritter hat alle anderen verzaubert!"

„Und der weiße Hirsch hat uns in die Anderswelt gebracht!", ergänzte Philipp.

Morgan lächelte.

„Merlin war sowohl der Rote Ritter als auch der weiße Hirsch", erklärte Morgan. „Ihr wisst doch: Merlin ist ein Zauberer, kein Sterblicher. Er kann seine Gestalt ändern, wann immer es ihm beliebt!"

„Wahnsinn", flüsterte Anne.

„Und wieso hat Merlin das alles getan?", fragte Philipp.

„Merlin war schrecklich wütend, als König Artus jegliche Magie von seinem Hof verbannte", erzählte Morgan. „Ich glaube, er hat die Dinge dann einfach selbst in die Hand genommen."

„Aber wie?", fragte Philipp nach.

„Er wusste genau, dass König Artus nicht noch mehr Ritter in die Anderswelt senden würde, um das Wasser der Erinnerung und Fantasie zu holen", sagte Morgan. „Ich nehme an, dass er euch hierhergebracht hat, weil er hoffte, dass ihr euch stattdessen anbieten würdet auszuziehen."

„Aber wieso wollte er, dass ausgerechnet wir gehen?", fragte Anne weiter.

„Merlin hat oft zugehört, wenn ich von euren Abenteuern mit dem magischen Baumhaus erzählt habe", sagte Morgan. „Er weiß, dass ihr beide für das Gute kämpft. Und er weiß, dass ihr die Gabe der Fantasie zu nutzen versteht. Das sind zwei wesentliche Voraussetzungen für jede Aufgabe, die man lösen will."

Philipp und Anne schauten quer durch die Halle zu Merlin. Der Zauberer mit dem weißen Bart lächelte ihnen zu, hob seinen Stab, dann schlüpfte er zur Tür hinaus.

Philipp sah sich um. Alle Kerzen und Fackeln brannten. Ein riesiges Feuer flackerte im Kamin. Die Musiker spielten, alle anderen sangen und der große Raum wirkte auf einmal warm und fröhlich.

Nun war das Weihnachtsfest in Camelot doch noch genau so, wie Philipp es sich vorgestellt hatte. Die Verwünschung des bösen Zauberers war gebrochen. Schönheit, Liebe, Freude und Licht waren wieder nach Camelot zurückgekehrt.

WILLKOMMEN ZU HAUSE

„Wach auf, Philipp!", rief Anne.

Philipp machte seine Augen auf.

Er lag auf dem Holzfußboden des Baumhauses. Durch das Fenster erkannte er den bewölkten Himmel über dem Wald von Pepper Hill.

„Zeit, nach Hause zu gehen", sagte Anne.

„Oh, ich bin wohl eingeschlafen", sagte Philipp. „Und ich hatte einen ganz unglaublichen Traum! Ich habe geträumt, dass wir gemeinsam in Camelot waren. Es war Weihnachten und Merlin ..."

„Das war kein Traum", unterbrach ihn Anne. „Das alles ist wirklich passiert.

Du bist während des Festes am runden Tisch eingeschlafen. König Artus hat dich hierher ins Baumhaus getragen. Und ich habe mir gewünscht, dass wir wieder zu Hause wären."

Philipp setzte sich auf.

„Wirklich wahr?", fragte er.

„Wirklich wahr!", bestätigte Anne.

„Phi...lipp! An...ne!", hörten sie ihre Mutter rufen.

„Wir kommen!", schrie Anne aus dem Fenster des Baumhauses zurück. Sie wandte sich an ihren Bruder. „Gehen wir!"

„Und es stimmt wirklich?", wiederholte Philipp immer noch ganz ungläubig. „Das ist wirklich alles passiert?"

„Ja, ganz wirklich!", versicherte Anne. Sie hielt die königliche Einladung hoch. „Siehst du? Das ist der Beweis!"

„Oh ... stimmt", flüsterte er.

„Und dieses Mal stand der Buchstabe M für Merlin – nicht für Morgan", sagte Anne.

Philipp lächelte.

„Vielen Dank, Merlin", flüsterte er.

Philipp setzte seinen Rucksack wieder auf, kletterte hinter Anne die Leiter nach unten und dann machten sie sich in der winterlichen Dämmerung auf den Heimweg. Es fing an zu schneien.

Als sie aus dem Wald heraustraten und die Straße entlanggingen, wirbelten die Schneeflocken immer dichter zu Boden. Doch jetzt konnten sie schon ihr Haus sehen, das ihnen freundlich und hell entgegenleuchtete. Ihre Mutter erwartete sie auf der Veranda.

„Hallo, Mama", sagte Anne.

„Hallo, Mama", sagte Philipp.

„Hallo, Anne und Philipp! Hattet ihr einen schönen Tag?", fragte ihre Mutter.

„Ja!", antwortete Philipp.

„Ziemlich schön sogar!", antwortete Anne.

„Das freut mich", sagte ihre Mutter. „Herzlich willkommen zu Hause!"

Sie hielt die Tür auf und die Geschwister gingen nach drinnen. Im Haus war es ganz besonders warm und gemütlich und aus der Küche roch es sehr lecker. Philipp und Anne zogen ihre Jacken aus und liefen die Treppen nach oben.

Im Gang drehte Anne sich zu ihrem Bruder um und sagte: „Frohe Weihnachten!"

„Dir auch frohe Weihnachten!", antwortete er lächelnd.

Anne ging in ihr Zimmer und Philipp in seins.

Philipp machte die Tür hinter sich zu und setzte sich auf sein Bett. Dann er holte sein

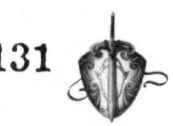

Notizbuch aus dem Rucksack, schlug es auf und hätte es fast vor Enttäuschung wieder zugemacht. Außer den drei Reimen hatte er sich auf der gesamten Reise nichts mehr aufgeschrieben – überhaupt nichts!

Erschöpft legte sich Philipp zurück auf sein Bett und machte die Augen zu. Er versuchte, sich an alle Einzelheiten ihrer Abenteuer in Camelot und der Anderswelt zu erinnern.

Auf einmal konnte er die fürchterliche Kälte spüren, die in die große Halle einzog, als Morgan erstarrt war. Er konnte die fröhliche Musik wieder hören, zu der die geflügelten Tänzer sich im Kreis gedreht hatten. Und es gelang ihm sogar, den süßen, bitteren, würzigen Geschmack des Wassers der Erinnerung und Fantasie zu schmecken.

Philipp setzte sich auf. Auf einmal war er wieder hellwach. Er blätterte eine neue Seite in seinem Notizbuch auf, nahm sich einen Stift und schrieb:

Es begann damit, dass wir im Dämmerlicht eine weiße Taube sahen...

Mithilfe seiner Erinnerung und seiner Fantasie schrieb Philipp alles auf. Damit trug er seinen Teil dazu bei, die Legende von König Artus, den Rittern der Tafelrunde, Merlin und Morgan lebendig zu halten.

Vor seinem Fenster wirbelten die Schneeflocken und Philipp schrieb und schrieb und hörte nicht eher auf, bis er die ganze Geschichte aufgeschrieben hatte: *seine* eigene Geschichte von ihrem Weihnachtsfest auf Camelot.

Das verzauberte Spukschloss

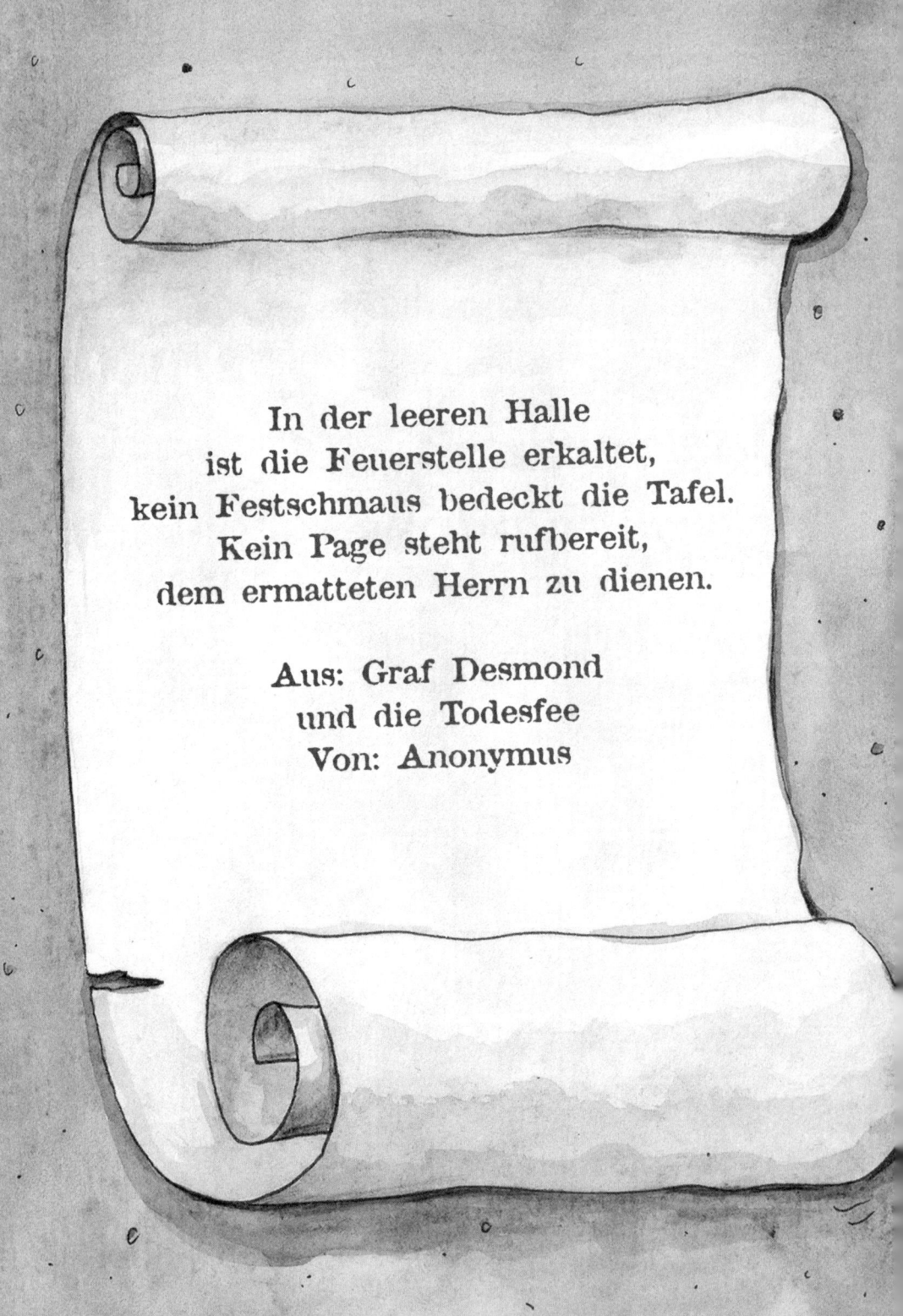

In der leeren Halle
ist die Feuerstelle erkaltet,
kein Festschmaus bedeckt die Tafel.
Kein Page steht rufbereit,
dem ermatteten Herrn zu dienen.

Aus: Graf Desmond
und die Todesfee
Von: Anonymus

DIE EINLADUNG

„Vielleicht sollte ich statt als Prinzessin lieber als Vampir gehen", sagte Anne.

Sie und Philipp saßen vorne auf der Veranda. Eine kühle Brise rauschte durch die Bäume.

„Du hast aber schon dein Prinzessinnenkostüm", sagte Philipp. „Außerdem bist du beim letzten Halloween als Vampir gegangen."

„Das weiß ich doch. Ich würde mir aber gerne wieder das Gebiss mit den großen Zähnen in den Mund stecken", gab Anne zurück.

„Dann steck dir doch die großen Zähne in den Mund und sei eine Vampirprinzessin", sagte Philipp und stand auf. „Ich gehe jetzt mal meine Dämonenschminke auftragen."

„*Krächz!*"

„He, Anne, guck mal!", rief Philipp.

Ein großer schwarzer Vogel stieß vom Himmel herab auf den Boden.

Er stolzierte durch das Herbstlaub. Sein Gefieder glitzerte in der goldenen Nachmittagssonne.

„Ist das etwa eine Krähe?", fragte Anne.

„Für eine Krähe ist er zu groß", antwortete Philipp. „Es könnte eher ein Rabe sein."

„Ein Rabe?", sagte Anne. „Ist ja toll!"

Der Rabe hob seinen schlanken Kopf und starrte sie mit wachsamen Augen an. Philipp hielt den Atem an.

Der Vogel schlug seine großen schwarzen Flügel auf und ab. Dann erhob er sich in die Luft, segelte dem Herbsthimmel entgegen und nahm Kurs auf den Wald.

Anne sprang auf. „Das ist ein Zeichen! Das magische Baumhaus ist wieder zurück!", rief sie.

„Stimmt!", sagte Philipp. „Los, lass uns gehen!"

Philipp und Anne rannten durch den Vorgarten. Sie liefen die Straße entlang und bogen zum Wald von Pepper Hill ab.

Als sie bei der höchsten Eiche ankamen, sahen sie die Strickleiter im Wind hin und her schwingen. Das magische Baumhaus wartete auf sie.

„Genau wie wir dachten", lächelte Anne.

Philipp folgte ihr die Leiter hoch. Als sie in das Baumhaus kletterten, fanden sie aber kein Zeichen von Morgan, der Zauberin aus dem Königreich Camelot.

„Das ist aber komisch", sagte Philipp und sah sich um.

Der Wind blies kräftiger und rüttelte an den Ästen des Baumes. Ein großes gelbes Blatt flatterte durch das offene Fenster und landete vor Philipps Füßen.

„Oh Mann", sagte er. „Schau dir das an!"

Philipp hob das große Blatt auf. Es war beschrieben. Die Buchstaben sahen altmodisch und verschnörkelt aus.

„Irre!", flüsterte Anne. „Was steht drauf?"

Philipp hielt das Blatt vor das Baumhausfenster. Im schwächer werdenden Licht las er laut vor:

> An Anne und Philipp aus Pepper Hill in Pennsylvania:
> Am Abend aller Heiligen sucht mich im Herzen der alten Eiche.
> M.

„M!", sagte Anne. „Morgan unterschreibt ihre Nachrichten nie mit M."

„Richtig ...", sagte Philipp. „Aber ..."

„Merlin macht das!", riefen beide gleichzeitig.

„So hat er uns auch die Einladung geschickt, Weihnachten in Camelot zu verbringen", sagte Anne und zeigte auf die königliche Einladung, die in der Ecke des Baumhauses hing.

„Und jetzt lädt er uns zu Halloween ein", sagte Philipp. „Halloween wurde vor langer Zeit *Der Abend aller Heiligen* genannt."

„Weiß ich doch", sagte Anne. „Wir müssen unbedingt hingehen!"

„Klar", antwortete Philipp. „Aber wie kommen wir da hin?"

„Wetten, dass uns unsere Einladung hinbringt?", antwortete Anne. „So sind wir am Heiligabend doch auch zur Burg von König Artus gekommen."

„Gute Idee!", antwortete Philipp und zeigte auf die Einladung. „Ich wünschte, wir könnten dorthin gehen, wo ... hm ...?"

„... wo die Einladung auf diesem Blatt herkam", ergänzte Anne.

„Genau!", sagte Philipp.

Der Wind blies jetzt stärker.

Das Baumhaus fing an, sich zu drehen.

Es drehte sich schneller und immer schneller.

Dann war alles wieder still.

Totenstill.

IM HERZEN
DER EICHE

Philipp öffnete seine Augen. Ein kühler Wind wehte ins Baumhaus hinein. Eichenblätter wirbelten vor dem Fenster umher.

„Sieh mal, wir haben unsere Kostüme an!", sagte Anne. „Ich bin doch keine Prinzessin oder Vampirin."

Philipp betrachtete die Kleider, die sie anhatten. Er trug einen Rock, der bis zu den Knien reichte, und eine Strumpfhose. Anne steckte in einem langen Kleid mit einer Schürze.

„Kostüme aus Camelot", sagte er leise.

Zusammen sahen sie aus dem Fenster. Sie befanden sich hoch oben in einer mächtigen Eiche, die in einem dichten Wald stand.

„Also, was machen wir nun?", fragte Philipp.

„Die Einladung sagt, dass wir Merlin im Herzen einer Eiche treffen sollen", antwortete Anne.

„Ja, aber was bedeutet das?", gab Philipp missmutig zurück. „Das Herz einer Eiche?"

„Lass uns runtersteigen und es herausfinden", schlug Anne vor.

Vorsichtig legte sie die Einladung in eine Ecke des Baumhauses. Dann kletterten die beiden die Leiter hinunter. Im schwächer werdenden Tageslicht begannen sie, den Eichenstamm zu umrunden.

Sie schritten einmal ganz herum, bis sie wieder zur Strickleiter kamen.

„Wir sind wieder da, wo wir angefangen haben", sagte Philipp.

„Moment mal", sagte Anne. „Was ist das denn?"

Sie deutete auf eine lange, schmale Spalte in der Rinde des Stammes. Ein kleiner Streifen Licht schien aus der Spalte.

Philipp legte seine Hand an die Rinde, wo das Licht schien. Er drückte und der Spalt wurde größer.

„Das ist eine Geheimtür!", rief er.

Er drückte noch fester. Eine hohe, schmale Tür schwenkte nach innen in den Baum. Licht strömte von innen heraus.

„Wir haben es gefunden", flüsterte Anne. „Das Herz der Eiche."

Die Geschwister schlüpften durch den schmalen Eingang in den hell erleuchteten Hohlraum des Baumes.

Philipp traute seinen Augen nicht. Hunderte von Kerzen erhellten den runden Raum. Schatten tanzten an seinen gewölbten braunen Wänden.

„Das ist unmöglich!", dachte Philipp. Das Herz der Eiche kam ihm viel größer vor als der Baum selbst.

„Willkommen", wisperte eine tiefe Stimme.

Sie drehten sich um und sahen einen alten Mann, der auf einem Holzstuhl saß. Er hatte einen langen weißen Bart und trug einen roten Umhang.

„Hallo, Merlin", sagte Anne.

„Hallo, Anne und Philipp. Schön, euch wiederzusehen", sagte der Zauberer. „Ich bin sehr dankbar für die Hilfe, die ihr uns am Heiligabend in Camelot geleistet habt. Morgan und ich glauben, dass ihr uns nun noch einmal helfen könntet."

„Klar, gerne", antwortete Anne.

„Die Zukunft des Königreiches hängt von eurem Erfolg ab", sagte Merlin.

„Sind Sie sicher, dass Sie *uns* haben wollen?", fragte Philipp. „Ich meine bloß, wir sind ja nur Kinder."

„Ihr habt viele Prüfungen für Morgan bestanden", sagte Merlin. „Seid ihr etwa nicht Meister-Bibliothekare und Zauberer der Magie des Alltags?"

Philipp nickte zustimmend. „Doch, das sind wir", antwortete er.

„Sehr gut! Eure Fähigkeiten werdet ihr für

diese Mission gut gebrauchen können", sagte Merlin. „Außerdem braucht ihr einen Helfer und Berater aus *unserer* Welt."

„Kommen Sie etwa mit uns?", fragte Anne.

„Nein", sagte der Zauberer. „Euer Berater wird jemand sein, der viel jünger ist, als ich es bin. Er ist in meiner Bibliothek. Gestern hat er mir einige Bücher gebracht, die ich mir aus Morgans Bibliothek ausgeliehen habe."

Merlin erhob sich von seinem Stuhl. „Kommt", sagte er und führte sie zu einer Tür in der hölzernen Wand. Er öffnete sie und trat in einen anderen Raum. Philipp und Anne folgten ihm. Das leicht muffig riechende Zimmer war voller Schriftrollen und altertümlich aussehender Bücher. Auf dem Fußboden saß ein Junge, der etwa elf oder zwölf Jahre alt war. Er las im Licht einer Laterne.

„Euer Helfer und Führer", sagte Merlin zu Anne und Philipp.

Der Junge schaute hoch. Er hatte ein freundliches Gesicht mit Sommersprossen und dunklen, zwinkernden Augen. Ein breites Grinsen überzog sein Gesicht.

„Wuff, wuff", sagte er.

„Teddy!", rief Anne laut.

Philipp konnte es nicht glauben. Ihr Helfer war der junge Zauberer, der bei Morgan in die Lehre ging!

Zum ersten Mal war Merlin sehr erstaunt.

„Kennt ihr euch etwa?", fragte er und blickte Anne und Philipp verblüfft an.

„Ja, wir haben uns vor einer Weile getroffen, als ich mich versehentlich in einen Hund verzaubert hatte", sagte Teddy.

„Morgan wollte Teddy eine Lehre erteilen", erklärte Anne. „Also schickte sie ihn mit uns auf drei magische Baumhausreisen, bevor sie ihn wieder in einen Jungen zurückverwandelt hat. Er hat uns zum Beispiel vor einer Herde stampfender Büffel gerettet!"

„Und vor einem wilden Tiger in Indien!", fügte Philipp hinzu. „Und vor einem Waldbrand in Australien."

„Das sind wirklich wundersame Reisen", sagte Merlin. „Ich bin froh, dass ihr schon befreundet seid. Eure Freundschaft kann euch auf dieser Mission sehr nützlich sein."

„Was ist das für eine Mission?", wollte Anne wissen.

„Wir befinden uns hier in einer fernab gelegenen Gegend von Camelot", sagte Merlin. „Jenseits der Wälder liegt die Burg eines Herzogs."

Merlin beugte sich zu ihnen herunter, als würde er etwas ganz Geheimes mitteilen. „Eure Mission ist, die Burg des Herzogs wieder in Ordnung zu bringen", sagte er.

Dann richtete sich Merlin wieder auf. Sein Blick war ruhig, aber seine Augen glühten feurig.

„Eine Burg aufräumen?", dachte Philipp, „mehr nicht?"

„Wir nehmen den Auftrag gerne an", sagte Teddy. „Die Mission wird erfüllt!"

Merlin heftete seinen Blick auf Teddy. „Vielleicht", sagte er. „Aber ich warne dich, mein Junge: Du gehst zu hastig und sorglos mit deinen Zauberformeln um. Auf dieser Mission musst du alle deine Worte weise auswählen!"

„Das werde ich bestimmt tun", sagte Teddy.

Merlin wandte sich zu Anne und Philipp. „Und hier ist auch eine Warnung für euch", sagte er. „Ihr seid im Begriff, einen Tunnel der Angst zu betreten. Schreitet nur mutig voran, dann werdet ihr bald wieder Licht sehen."

Merlin ergriff die Laterne und übergab sie Teddy. „Die Burg des Herzogs liegt im Osten. Beeilt euch!", sagte er. „Die Ordnung muss so schnell wie möglich wiederhergestellt werden."

Teddy nickte Merlin zu. Dann drehte er sich zu Anne und Philipp um. „Auf zur Burg des Herzogs!", sagte er und führte sie aus dem Herzen der Eiche hinaus.

ROK

Draußen war es kühler geworden. Das Tageslicht nahm immer mehr ab.

„Ein wundervolles Abenteuer für uns, was?", sagte Teddy.

„Klar!", antwortete Anne.

Philipp war ebenfalls aufgeregt, aber er hatte auch viele Fragen.

„Was genau ist unsere Mission jetzt eigentlich?", fragte er.

„Vielleicht will Merlin, dass wir die Böden wischen und die Teller waschen", witzelte Teddy.

„Und die Betten machen", sagte Anne. Sie und Teddy lachten.

„Unsere Mission wird sicher schwieriger sein, als Hausarbeiten zu erledigen", sagte Philipp. „Was meinte Merlin mit dem Tunnel der Angst?"

„Oh, ihr braucht euch vor der Angst nicht zu fürchten", sagte Teddy. „Ich kann schließlich zaubern, falls ihr euch daran erinnert."

„Teddy, hast du irgendetwas über Zauberei gewusst, bevor du zu Morgan und Merlin kamst?", fragte Anne.

„Natürlich! Mein Vater war Zauberer", sagte Teddy. „Und meine Mutter war eine Waldelfe aus der anderen Welt."

„Ist ja irre", sagte Anne.

Es raschelte, als sie durch die Haufen abgestorbener Blätter gingen.

Schließlich führte Teddy sie aus dem Wald heraus auf eine Lichtung. „Halt!", sagte er.

Sie stoppten ruckartig und schauten sich um. Auf der anderen Seite der Lichtung befand sich ein Dorf. Durch die Fenster der kleinen Häuser schimmerte Kerzenlicht. Rauch stieg aus den Schornsteinen nach oben in die Abenddämmerung.

Teddy hielt die Laterne hoch. „Vorwärts", sagte er.

Sie liefen einen unbefestigten Weg entlang, der durchs Dorf führte. In den Eingangstüren standen Kinder in lumpigen Kleidern und spähten zu ihnen hinüber.

„Seid gegrüßt", sagte Teddy. „Wisst ihr, wie man zur Burg des Herzogs kommt?"

„Die Burg", sagte ein Junge mit ängstlicher Stimme. „Sie ist gleich hinter dem Wald." Er zeigte auf einen Wald gegenüber dem Dorf. „Folgt einfach dem Weg, dann kommt ihr dorthin."

„Oh, ihr solltet aber nicht dorthin gehen!",
rief ein Mädchen.

„Warum nicht?", fragte Anne.

„Irgendetwas ist merkwürdig auf der Burg, seitdem die Raben da waren", sagte es.

„War denn schon mal jemand da und hat geguckt, was los ist?", fragte Philipp.

„Nur die alte Meggie, die dort arbeitet", sagte das Mädchen. „Wie immer ging sie vor zwei Wochen zur Burg. Aber sie ist sofort zurückgerannt und war ganz aufgelöst vor Angst."

„Meggie sagt, dass es überall auf der Burg spukt", sagte ein Junge. „Sie wiederholt ständig denselben Reim."

„Gespenster", sagte Philipp und bekam einen trockenen Mund.

Aber Teddy lachte nur. „Gespenster machen mir keine Angst!", sagte er.

„Seht mal!" Eines der Mädchen zeigte nach oben. „Die Raben sind wieder da!"

Ein Schwarm großer schwarzer Vögel flog tief am dunkelgrauen Abendhimmel entlang. Die Dorfkinder kreischten. Einige Erwachsene stürmten aus ihren Häuschen.

„Haut ab!", schrie eine Frau. Sie hob eine Handvoll kleiner Steine auf und bewarf die Raben damit. „Lasst uns in Ruhe!"

„Aufhören! Aufhören!", rief Anne. „Sie tun ihnen weh!"

Ein Stein traf einen der Raben. Er stürzte zur Erde.

„Oh nein!", schrie Anne.

Die Erwachsenen drängten ihre Kinder in die Hütten. Türen knallten zu und Fensterläden wurden geschlossen.

Anne lief zu dem Vogel und kniete sich neben ihn. Der Vogel saß zusammengekauert auf der Erde und spreizte seine Flügel leicht. Sein Kopf war nach unten gebeugt und er gab

leise piepsende Töne von sich. Eine seiner Schwanzfedern war verbogen.

„Es tut mir leid, was sie dir angetan haben", sagte Anne sanft zu dem Raben. Sie streichelte seinen seidenen schwarzen Kopf. „Wie heißt du denn?"

„*Rok*", krächzte der Rabe.

„Rok, du heißt Rok", sagte Anne.

„*Rok, Rok*", krächzte der Rabe.

„Rok, aus irgendeinem Grund haben sie Angst vor dir gehabt", sagte Anne.

Rok gab sanfte, glockenähnliche Töne von sich. „*Krong? Krong?*"

„Ja, deswegen haben sie dich vom Himmel geholt", sagte Anne. „Eine Schwanzfeder ist verbogen. Aber deine Flügel scheinen nicht verletzt zu sein."

Roks lange schwarze Flügel flatterten. Er machte ein paar schwächliche Gehversuche.

„Weiter so!", trieb Anne ihn an. „Du schaffst es!"

Wieder schlug der Rabe mit seinen Flügeln. *„Kork!"*, krächzte er. Dann hob er vom Boden ab.

„Sehr gut!", sagte Anne und klatschte in die Hände.

Rok schwang seine Flügel auf und ab. Er glitt immer höher hinauf in die Abenddämmerung. *„Ko, ko"*, rief er, als ob er ihr danken wollte.

„Sei vorsichtig, Rok", rief Anne.

Alle winkten, als der Rabe schließlich am Himmel davonsegelte.

„Ich frage mich, warum die Leute hier so viel Angst vor Raben haben", sagte Anne.

„Ja", sagte Philipp, „und was bedeuten die Gespenstergeschichten?"

„Gespenster?", fragte Teddy. Er lächelte.

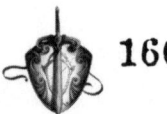

„Keine Sorge. Solange ihr bei mir seid, braucht ihr euch vor Gespenstern überhaupt nicht zu fürchten."

Philipp zuckte mit den Schultern. „Eigentlich habe ich gar keine Angst", sagte er.

„Keine Angst?", sagte ein schwaches Stimmchen.

Philipp, Anne und Teddy wirbelten herum.

In einem dunklen Hütteneingang stand eine alte Frau. Sie beugte sich vor. Mit gebrochener Stimme sagte sie:

„Wo ist das Mädchen,
das die Wolle zu Fäden spinnt?
Wo sind die Jungen,
die Schach spielen
vor dem Schlafengehen?
Wo ist der Hund,
der auf sein Futter sinnt?"

Die alte Frau starrte die drei mit einem furchtsamen Blick an. Dann trat sie in ihre Hütte zurück und schloss die Tür.

Ein Frösteln lief über Philipps Rücken. „Sehr eigenartig", sagte er.

„Das muss die alte Meggie gewesen sein, die auf der Burg arbeitet", sagte Anne. „Ich frage mich, worüber sie wohl gesprochen hat?"

„Keine Ahnung", sagte Teddy. Er grinste. „Aber sie konnte ganz gut reimen, was?"

Philipp nickte. „Das konnte sie wirklich", sagte er leise.

Die drei ließen die Hütten hinter sich und eilten durch die zunehmende Dunkelheit. Sie verließen das Dorf und folgten dem Pfad durch den Wald.

Teddy hielt seine Laterne hoch, um ihnen den Weg zu leuchten. Der Wind blies durch

die Äste und es klang, als ob sie in die kühle Herbstnacht flüsterten.

Als sie endlich aus dem Wald herauskamen, stockte ihnen der Atem vor Erstaunen.

„Oh Mann!", sagte Philipp.

Die Steinmauern einer gewaltigen Burg türmten sich im Mondlicht vor ihnen auf.

AUF DER BURG

Die Burg lag ruhig und friedlich vor ihnen. Weder brannten Kerzen in den Fenstern noch standen Wachen am Tor.

Auch keine Bogenschützen drehten auf der Burgmauer ihre Runden.

„Hallo!", rief Teddy.

Niemand antwortete.

„Die Burg ist ja nicht gerade gut beschützt, was?", meinte Teddy. „Unsere Mission dürfte einfach werden."

„Ja", stimmte Anne zu.

Philipp sagte gar nichts. Er hätte sich wohler gefühlt, wenn Wachen die Burg beschützt hätten. Das wäre doch normaler.

Philipp und Anne folgten Teddy über die Holzbrücke zur Torhalle.

Teddy hielt seine Laterne vor das oben abgerundete zweitürige Tor. Spinnennetze glänzten im trüben Licht.

„Hallo! Dürfen wir reinkommen?", rief er.

Stille. Sie starrten auf das schwere Holztor.

„Keine Angst, ich werde uns da schon reinbekommen", sagte Teddy.

Der junge Zauberer stellte seine Laterne zur Seite. Er atmete tief ein und rieb seine Hände aneinander. Dann breitete er seine Arme aus und rief: *„Öffnet euch, ihr zwei eichenen Türen ..."*

Er schaute Anne und Philipp an.

„Schnell! Was reimt sich auf Türen?"

„Hm ... anrühren", antwortete Philipp.

„Prima", sagte Teddy. Er breitete seine Arme erneut aus und rief:

*„Öffnet euch, ihr zwei eichenen Türen!
Öffnet euch oder wir werden
die schmutzigen Teller nicht anrühren!"*
Nichts passierte.

Teddy sah Anne und Philipp an. „Schlechter Reim", sagte er.

„Bist du dir sicher, dass das Tor überhaupt verschlossen ist?", fragte Philipp.

„Wollen wir doch mal sehen", sagte Anne und drückte gegen eine Tür. Philipp drückte gegen die andere Tür.

Langsam und knarrend öffnete sich das Tor.

„Ah, hervorragend", sagte Teddy lachend. „Gehen wir?"

Die Torhalle der Burg war kalt und leer. In der beißenden Kälte konnte Philipp seinen Atem sehen. Er hörte ein Knarren. Sie alle drehten sich um und guckten. Die schweren Türen bewegten sich von selbst und fielen mit einem dumpfen Schlag zu.

Einen Augenblick lang starrten sie auf das Tor. Dann brach Teddy das Schweigen.

„Interessant", sagte er fröhlich.

Philipp versuchte zu lächeln. „Wirklich, sehr interessant", sagte er. Ihn fröstelte und er konnte nicht sagen, ob vor Kälte oder vor Angst. „Und jetzt?", fragte er sich. „Betreten wir jetzt den Tunnel der Angst?"

„Vorwärts!", sagte Teddy. Er führte sie

durch die Torhalle hindurch auf den Burghof.

Nirgendwo gab es irgendwelche Lebenszeichen. Philipp dachte an den Reim der alten Frau:

Wo ist das Mädchen,
das die Wolle zu Fäden spinnt?
Wo sind die Jungen,
die Schach spielen
vor dem Schlafengehen?
Wo ist der Hund,
der auf sein Futter sinnt?

Philipp überlegte, was dieser Reim wohl bedeutete. Welches Mädchen? Welche Jungen? Welcher Hund?

Teddy überquerte den Burghof, um zum Eingang eines großen Gebäudes zu gelangen. Schnell folgten Philipp und Anne ihm.

Teddy hielt seine Laterne hoch, sodass sie

hineinsehen konnten. Dort war eine Reihe sauberer, leerer Boxen. Sättel und Zügel hingen an Halterungen an der Wand.

„Das müssen die Ställe sein", sagte Philipp.

„Aber da sind keine Pferde", sagte Anne.

„Macht nichts, hier sieht's ordentlich aus", sagte Teddy. „Vorwärts!"

Er führte sie zum geöffneten Eingang eines anderen Gebäudes. Teddys Laterne leuchtete auf einen Backsteinofen, eine offene Feuerstelle und von den Dachbalken herunterhängende Zwiebelketten.

„Die Küche", sagte Philipp.

„Aber es sind keine Köche und keine Dienstboten da", sagte Anne.

„Macht nichts! Auch hier ist's aufgeräumt", sagte Teddy. „Weiter!"

Während sie über den mondhellen Hof wanderten, sah Philipp rechts und links umher. Dann blickte er hinter sich. „Falls es hier Geister gäbe", fragte er sich, „wie sähen sie aus? Wie Halloweengespenster in Bettlaken?"

Er hielt an.

„Was ist denn?", fragte Anne.

Philipp rückte seine Brille gerade. „Wollen wir hier einfach von Gebäude zu Gebäude spazieren?", fragte er. „Was für eine Strategie haben wir denn?"

„Strategie?", fragte Teddy.

„Philipp meint, wir sollten einen Plan machen", erklärte Anne.

„Aha, richtig", sagte Teddy. „Eine hervorragende Idee. Ein Plan, ja, ein Plan!" Er grinste. „Wie machen wir das denn?"

„Nun, zuerst fragen wir uns: Wohin genau gehen wir gerade?", antwortete Philipp.

Teddy sah sich um und zeigte auf einen Hauptturm, der sich über dem Hof erhob. „Dorthin", sagte er. „Der Bergfried, dort wohnt die Familie – der Herzog und die Herzogin."

„Gut", sagte Philipp. „Und dann? Was machen wir, wenn wir dort sind?"

„Wir steigen die Treppen hoch", sagte Teddy, „und gucken uns auf jeder Etage um."

„Und wenn irgendetwas unordentlich ist, dann räumen wir auf", sagte Anne.

„Und dann?", fragte Philipp.

„Gehen wir wieder!", sagte Teddy. „Unsere Mission wäre damit erledigt."

Philipp nickte. Das war zwar weder ein großer Plan noch eine Mission, dachte er. Aber der Teil mit dem „Wiedergehen" gefiel ihm sehr. Er hoffte, dass sie so weit sein würden, bevor irgendwelche Gespenster auftauchten.

„Okay", sagte er.

Teddy führte sie zum Eingang des Hauptturmes. Er drückte gegen die Holztür und sie gingen hinein.

Dunkle schemenhafte Figuren tauchten auf den Steinmauern auf.

„Ahhh!", schrie Philipp. Er sprang rückwärts und stieß mit Anne zusammen.

Anne lachte. „Das sind nur unsere Schatten", sagte sie.

Philipp kam sich albern vor. „Ja, natürlich. Entschuldigung", sagte er. Er atmete tief durch. „Okay, lasst uns das Treppenhaus suchen!"

Bald kamen sie zu einer Wendeltreppe.

„Die Treppe", sagte Anne.

„Sollen wir hochgehen?", fragte Teddy.

„In der Tat. Nach oben!", sagte Philipp und versuchte, wie Teddy zu klingen.

Teddy hielt die Laterne hoch und machte sich daran, die steilen Steinstufen hochzusteigen. Philipp und Anne folgten ihm.

Als sie im ersten Stockwerk ankamen, führte Teddy sie zu einer Zimmertür. Sie spähten hinein und sahen aufgereihte Helme, Schilde, Speere und Schwerter.

„Die Waffenkammer", sagte Philipp.

„Jawohl", sagte Teddy.

„Hier scheint alles ordentlich zu sein", sagte Anne.

Philipp nickte. Ihm gefiel die Ordnung in dem Raum. Dadurch fühlte er sich sicherer.

„Sollen wir weiter?", sagte Teddy.

„Natürlich", sagte Philipp. Er fühlte sich viel mutiger.

Sie gingen zur Treppe zurück und stiegen weiter nach oben. Im dritten Stockwerk spähten sie durch einen gewölbten Eingang in einen riesengroßen Raum.

Teddy benutzte die Kerze seiner Laterne, um die Fackeln anzuzünden, die neben dem Eingang hingen. Im flackernden Licht sah Philipp eine hohe Decke und mit Teppichen behangene Wände.

„Das ist der Festsaal", sagte er.

„Schauen wir uns hier doch mal um", sagte Anne. „Guckt nach, ob vielleicht irgendetwas nicht in Ordnung ist."

Während die drei langsam vorwärtsgingen, hielt Philipp Ausschau nach Gespenstern.

Teddy hielt seine Laterne hoch und leuchtete über die lange Festtafel.

„Aha!", sagte er. Auf dem Tisch lagen Brotkrümel und verwelkte Blumenblüten verstreut, außerdem klebte Kerzenwachs auf ihm. Der Fußboden unter dem Tisch war auch schmutzig. Dort lagen Essensreste und abgenagte Knochen herum.

„Endlich haben wir etwas gefunden, was wir aufräumen können", sagte Teddy. „Sollen wir?"

Philipp entdeckte einen Strohbesen in der Ecke. „Klar", sagte er. „Ich fege den Boden."

„Ich mache den Tisch sauber", sagte Anne.

„Ich kratze das Wachs ab", sagte Teddy.

Philipp griff sich den Strohbesen und begann, um den Tisch herum zu fegen.

Er kehrte alles zusammen: Apfelschalen, Fischgräten, Eierschalenstückchen und Käsereste.

Als er alles zu einem ordentlichen Haufen zusammengefegt hatte, fühlte er sich wohl. Sie waren dabei, ihre Mission auszuführen. „Wir werden die Burg aufräumen, genau wie Merlin es uns gesagt hat", dachte er, „und bald gehen wir wieder."

Plötzlich kreischte Anne.

Philipp ließ den Besen fallen und drehte sich blitzschnell um.

„Seht mal!", schrie Anne auf einmal mit weit aufgerissenen Augen. Sie zeigte auf den Kamin am Ende des Festsaals.

Vor dem Kamin schwebte ein großer weißer Knochen in der Luft. Er tanzte auf und ab. Dann kam er geradewegs auf sie zu.

GESPENSTER

„Aaahhh!", brüllte Teddy.

„Aaahhh!", brüllte Philipp.

„Aaahhh!", brüllte Anne.

Schreiend rannten alle zusammen zur Tür. Der Knochen kam hinterher.

Teddy führte sie an, als sie durch den Bogengang flitzten und die Wendeltreppe hinaufstiegen.

Philipp sah sich um.

„Er kommt immer noch hinterher", kreischte er.

„Aaahhh!", brüllten alle wieder.

Auf der nächsten Etage stürmte Teddy in das nächstbeste Zimmer.

„Beeilt euch!", rief er.

Er zog Anne und Philipp ins Zimmer und schlug die Tür zu. Sie lehnten sich zitternd und keuchend an die Tür.

„In Sicherheit", sagte Teddy, nach Luft schnappend. „In Sicherheit vor dem Knochen!" Dann fing er zu lachen an.

Philipp lachte auch. Er lachte vor lauter Schrecken und er konnte gar nicht mehr aufhören.

„Hört mal!", sagte Anne. „Ich höre ein Geräusch!"

Teddy hörte auf zu lachen und lauschte. Philipp hielt sich mit der Hand den Mund zu. Er horchte. Er hörte ein schwaches Klicken, aber er konnte nichts sehen.

Teddy zündete mit der Flamme seiner Laterne die Fackel neben der Tür an. Dann sahen sie sich um.

„Sieht aus wie ein Spielzimmer", sagte Teddy.

Das Fackellicht erleuchtete ein Kinderzimmer. Drei kleine Betten standen darin und hölzernes Spielzeug lag auf dem Boden verstreut. Eine lange weiße Gardine flatterte vor einem geöffneten Fenster.

Das klickende Geräusch kam aus einer dunklen Ecke.

„Was ist das?", flüsterte Anne. Sie ging in die Richtung, aus der das Geräusch kam.

Philipp und Teddy folgten ihr. Teddy hielt seine Laterne hoch. Ihr Licht schien auf ein kleines Spinnrad. Neben dem Spinnrad stand ein Korb voll Wolle und ein langer verstaubter Spiegel.

Das Spinnrad drehte sich und spann einen Faden, obwohl niemand es berührte. Es spann von ganz alleine!

„Seht mal!", flüsterte Anne.

Sie zeigte auf einen niedrigen Tisch neben dem Spinnrad. Auf dem Tisch lag ein Schachbrett. Hölzerne Figuren standen auf den Feldern des Brettes.

Aber einige der Figuren standen nicht bloß so herum!

Während Philipp, Anne und Teddy auf das Brett guckten, rutschte ein Pferd langsam von einem Feld zum nächsten! Dann tat die Dame dasselbe!

„Huch!", sagte Anne.

„Gespenster!", sagte Teddy.

„Nichts wie weg!", sagte Philipp.

Sie stürzten durch den Raum. Teddy riss die Tür auf. Der weiße Knochen hing in der Luft – genau vor der Tür!

„Aaahhh!", brüllten sie.

Teddy knallte die Tür zu und alle drei kauerten sich zusammen. Sie hatten Angst wegzugehen und Angst davor zu bleiben. Philipps Herz pochte wie wild. Er konnte kaum atmen.

„Ich – ich dachte, du hättest keine Angst vor Gespenstern!", sagte er keuchend zu Teddy.

„Ja, also ... also, ich glaube, ich habe gerade entdeckt, dass ich doch Angst vor ihnen habe", sagte Teddy.

„Was machen wir nun?", fragte Philipp.

„Reimen", sagte Teddy. Er gab Anne seine Laterne, warf die Arme in die Luft und reimte:

„Geister der Erde, Geister der Luft!"

Dann sah er Anne und Philipp an.

„Schnell! Was reimt sich auf Luft?"

„Schuft!", sagte Philipp.

Teddy schüttelte den Kopf. „Ich fürchte, ein Schuft macht die Sache noch schlimmer!"

Angestrengt dachte Philipp über ein besseres Wort nach, das sich auf Luft reimte.

„Moment mal!", sagte Anne. „Ich hab's! Ich hab's!" Sie grinste Philipp und Teddy an.

„Hat sie jetzt ihren Verstand verloren?", fragte sich Philipp.

„Erinnert ihr euch daran, was die alte Meggie gesagt hat?", fragte Anne. Dann sagte sie den Reim auf:

„Wo ist das Mädchen,
das die Wolle zu Fäden spinnt?"

Anne deutete auf das Spinnrad in der Ecke. „Dort ist es!", sagte sie. „Es spinnt gerade mit dem Spinnrad."

Anne sagte noch mehr auf:

„Wo sind die Jungen, die Schach spielen
vor dem Schlafengehen?"

Anne zeigte auf das Schachbrett. „Dort sind sie!", sagte sie. „Wahrscheinlich sind es ihre Brüder. Sie spielen gerade Schach!"

Sie sprach weiter:

„Wo ist der Hund,
der auf sein Futter sinnt?"

Anne stieß die Tür des Kinderzimmers auf. Philipp und Teddy sprangen vor Schreck zurück.

„Habt keine Angst!", sagte Anne. „Es ist nur ein Hund! Er trägt einen Knochen in seinem Maul. Das seht ihr doch, oder? Das Mädchen, die Jungen, der Hund – sie sind alle hier! Aber sie sind unsichtbar!"

MERLINS DIAMANT

Philipp und Teddy waren sprachlos. Sie starrten Anne an, die auf dem Boden kniete und mit dem unsichtbaren Hund sprach.

„Hallo, du", sagte sie mit sanfter Stimme. „Hast du Hunger?"

Der Knochen sank zu Boden, drehte sich und wippte von einer Seite zur anderen.

„Seht ihr, jetzt rollt er sich mit dem Knochen im Maul auf dem Rücken. Der Ärmste!"

„Der Ärmste?", fragte Philipp.

„Wir müssen ihm helfen", antwortete Anne. Sie stand auf. „Wir müssen *allen* helfen – auch dem Mädchen und seinen Brüdern."

Sie eilte durch das Zimmer. Philipp und Teddy folgten ihr. Anne stoppte neben dem Spinnrad.

„Wir können euch nicht sehen", sagte Anne. „Aber wir haben keine Angst vor euch. Wir wollen euch helfen. Könnt ihr mich hören?"

Das Spinnrad hörte auf, sich zu drehen.

„Sie kann uns hören!", sagte Anne zu Philipp und Teddy. Anne wandte sich wieder dem Gespenstermädchen zu. „Was ist mit dir, deinen Brüdern, dem Hund und allen anderen in der Burg geschehen? Wie seid ihr alle unsichtbar geworden?"

Philipp spürte einen kalten Luftzug im Nacken.

„Ich glaube, sie bewegt sich!", sagte Anne.

„Genau! Und zwar zum Spiegel", sagte Teddy. „Seht mal!"

Ein unsichtbarer Finger kritzelte etwas in den Staub. Allmählich formten sich vier Wörter: *Der Schicksalsdiamant wurde gestohlen.*

„Das ist ja kaum zu glauben!", rief Teddy. „Das hier muss die geheime Burg sein, die den Diamanten des Schicksals bewacht!"

„Was ist *das* denn?", fragte Philipp.

„Ein magischer Diamant, der Merlin gehört", antwortete Teddy. „Er war im

Knauf des berühmten Schwerts eingelegt, das König Artus vor vielen Jahren aus dem Stein hervorzog."

„Oh, die Geschichte kenne ich", sagte Anne. „Dadurch ist er überhaupt König Artus geworden!"

„Ja!", sagte Teddy. „Und eines Tages wird der Diamant des Schicksals dem nächsten rechtmäßigen Herrscher von Camelot dieselbe Stärke und Macht verleihen."

„Das muss Merlin wohl gemeint haben, als er sagte, dass Camelots Zukunft von uns abhängt", sagte Anne.

„In der Tat!", sagte Teddy.

„Wartet mal! Wartet mal!", sagte Philipp. „Mir ist das Ganze noch nicht klar. Was hat denn der Schicksalsdiamant mit den unsichtbaren Kindern und dem Hund zu tun?"

„Nachdem Artus König geworden war,

gab Merlin den Diamanten einer adeligen Familie aus Camelot", sagte Teddy. „Der Name der Familie wurde geheim gehalten. Solange die Familie den Edelstein sicher aufbewahrte, so hieß es, würde das Glück immer auf ihrer Seite sein. Aber sollten sie es nicht schaffen, ihn zu beschützen, dann würden sie ihr Leben aushauchen."

„Aha! Also kam der Familie der Stein abhanden!", sagte Anne. „Und nun haben sich alle in Gespenster verwandelt."

„Genau!", sagte Teddy.

„Ich frage mich, wo auf der Burg der Diamant aufbewahrt wurde", sagte Philipp.

„Gute Frage", sagte Teddy. „Wahrscheinlich in einem besonders guten Versteck, vielleicht in einem der Türme?"

„He, schaut mal her!", rief Anne. Sie zeigte auf die Wand neben dem Spiegel.

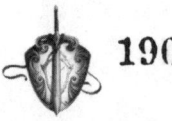

Ein langer, schwerer Wandteppich wurde zur Seite gezogen und gab den Blick frei auf eine kleine Tür in der Steinmauer. Die Tür öffnete sich langsam.

„Das Gespenstermädchen!", sagte Anne. „Sie zeigt uns das Geheimversteck des Diamanten!"

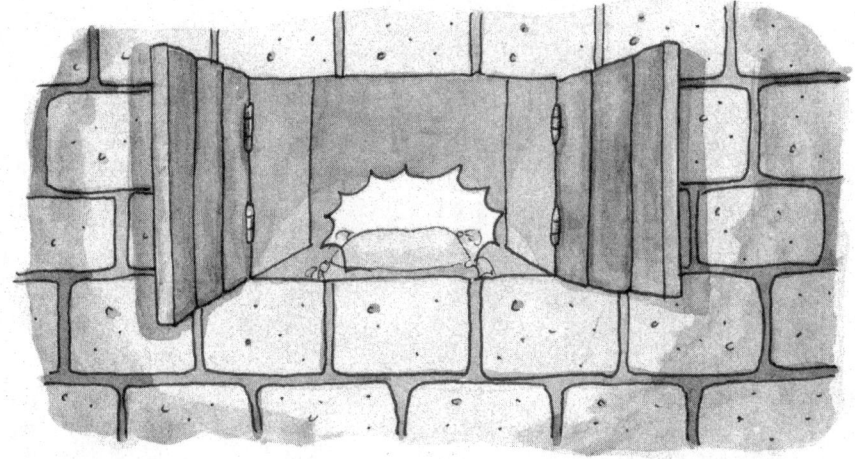

Alle drei schritten eilig zur Steinmauer und blickten in einen kleinen Wandschrank. Die Wände des Schränkchens waren aus Gold und Elfenbein. Aber es war leer.

Anne schaute umher. „Gespenstermädchen?", fragte sie. „Wer hat den Diamanten des Schicksals aus dem Geheimversteck genommen?"

Wieder erschienen Buchstaben auf dem Spiegel, die ein unsichtbarer Finger schrieb:

Der Raben...

„Oh nein!", wisperte Teddy. „Bitte nicht!"

Philipp bekam wieder Angst.

„Was meinst du mit ‚Oh nein, bitte nicht!'?", fragte er.

Der Finger schrieb noch ein Wort in den Staub:

...könig

„Genau wie ich befürchtet habe", sagte Teddy und senkte seine Stimme. „Der Rabenkönig!"

EINS, ZWEI, DREI!

„Also deshalb hatte Merlin um diese Bücher gebeten", sagte Teddy.

„Welche Bücher? Wer ist der Rabenkönig?", fragte Philipp.

„Jetzt wird mir alles klar!", sagte Teddy.

„Teddy, welcher Rabenkönig?", fragte Philipp.

„Aber ich frage mich, wie er den Diamanten des Schicksals gefunden hat", redete Teddy einfach weiter.

„Teddy, wer ist der Rabenkönig?" Beinahe schrie Philipp ihn an.

„Er ist ein Furcht einflößendes Wesen, das aus der anderen Welt stammt", sagte Teddy.

„Ich habe alles über ihn gelesen. Es stand in einem der Bücher, die ich für Merlin aus Morgans Bibliothek mitbrachte. Als kleiner Junge sehnte sich der Rabenkönig danach, ein Vogel zu sein, damit er fliegen konnte. Er stahl eine Zauberformel von dem weißen Winterzauberer, aber er besaß nicht genügend Zauberkunst, um die Formel richtig anzuwenden. So hat die Formel nur zur Hälfte funktioniert. Was dazu geführt hat, dass er zur Hälfte ein Vogel und zur Hälfte ein Mensch ist."

„Oh Mann!", sagte Philipp.

„Jetzt befehligt er ein riesiges Heer von Raben, die ihn als ihren König ansehen", sagte Teddy.

„Warum sollte er den Schicksalsdiamanten stehlen?", fragte Anne.

„Ich weiß es nicht", gab Teddy zurück.

„Aber wir müssen ihn unbedingt wiederbekommen! Die Zukunft Camelots hängt davon ab!"

„Und wegen der Gespensterkinder", sagte Anne. „Und dem Gespensterhund!"

Sie sah im Zimmer umher. „Macht euch keine Sorgen. Wir werden den Diamanten des Schicksals zurückbekommen!"

„Zurückbekommen?", fragte Philipp. „Wie denn? Wir wissen doch noch nicht mal, wo dieser verrückte Rabenmensch ist?"

„Sieh mal", flüsterte Teddy. „Noch mehr Schrift. Sie hat dich gehört."

Vier weitere Wörter erschienen langsam im Staub des Spiegels:

Nest auf der Bergspitze

Philipp spürte einen kalten Luftzug. Der Vorhang, der das Fenster bedeckte, wurde zur Seite gezogen.

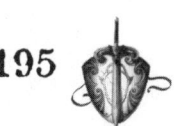

Philipp, Anne und Teddy gingen zum Fenster und sahen hinaus. In der Ferne erhob sich ein zerklüfteter Berg vor dem mondhellen Himmel.

„Ah", flüsterte Teddy. „Dort also lebt der Rabenkönig. Ich dachte, sein Nest befindet sich in der anderen Welt."

„Das macht kaum einen großen Unterschied", sagte Philipp. „Wir schaffen es sowieso nie, bis zur Spitze des Berges zu kommen."

„Richtig!", sagte Teddy. „Kein gewöhnlicher Sterblicher kann einen so steilen Felsen erklimmen."

„Wir werden den Diamanten nie zurückbekommen!", rief Anne.

„Ich sagte: *kein gewöhnlicher Sterblicher*", sagte Teddy. „Vergesst nicht, dass ich ein Zauberer bin!"

„Schon wahr, aber deine Reime wirken ja nie", meinte Anne.

„Schon wahr, aber ich habe mehr als bloß Reime", sagte Teddy. Er zog einen Zweig aus der Tasche.

„Was ist das?", fragte Philipp.

„Das ist ein verzauberter Zweig von einem Haselnussbaum", sagte Teddy.

„Sein Zauber ist stark genug, um mich in alles zu verwandeln, was ich sein möchte!"

„Irre!", sagte Anne.

„Hat Morgan ihn dir gegeben?", fragte Philipp.

„Nein", sagte Teddy. „Morgan und Merlin wissen nicht einmal, dass ich ihn habe. Eine Waldelfe, die eine Nichte meiner Mutter ist, gab ihn mir. Und zwar für den Fall, dass ich in tiefe Not gerate."

„In was willst du dich verwandeln?", fragte Anne.

„In einen Raben natürlich", sagte Teddy.

„Teddy ist verrückt", dachte Philipp.

Aber Anne schien das nicht zu denken. „Was für eine tolle Idee", sagte sie.

„Einen kleinen Augenblick mal eben", sagte Philipp.

„Hast du einen Plan? Ich meine, was

machst du denn, nachdem du dich in einen Raben verwandelt hast?"

„Ich werde zum Bergnest fliegen", sagte Teddy. „Den Diamanten suchen – finden – zurückbringen! Mission erfolgreich beendet!"

„Und was machen wir?", fragte Anne.

„Ihr wartet hier auf mich. Ich werde so schnell wie möglich zurückkommen", sagte Teddy. Er kletterte auf das Fensterbrett. Das Mondlicht warf Teddys langen Schatten über den Fußboden.

„Viel Glück!", sagte Anne.

„Danke schön", sagte Teddy. Er hob den Haselnusszweig hoch.

„Stopp!", rief Philipp. „Könnten wir uns noch ein bisschen über deinen ‚Plan' unterhalten?"

Aber Teddy wedelte bereits mit dem Zweig durch die Luft.

„Teddy, stopp!", sagte Philipp.

Aber Teddy begann zu reimen:

„Oh Haselnusszweig,

der Waldelfe Zauberei,

mach mich zum Raben ...

Schnell!", sagte er. „Was für ein Wort reimt sich auf Zauberei?"

„Warte!", sagte Philipp.

„Das reimt sich nicht auf Zauberei", sagte Teddy.

„Eins, zwei, drei!", rief Anne.

„Hervorragend!", meinte Teddy. Er fing wieder von vorne an:

„Oh Haselnusszweig,
der Waldelfe Zauberei,
mach mich zum Raben,
eins, zwei, drei!"

Er wedelte wie wild mit dem Zweig umher.

„Vorsicht!", sagte Philipp. Er duckte sich und legte seine Arme über den Kopf.

Plötzlich hörte er ein lautes Brausen. Er fühlte einen Hitzestrahl. Dann hörte er ein merkwürdiges Quietschen.

Philipp blickte umher. Teddys Haselnusszweig lag auf dem Boden. Philipp sah auch Teddys Schatten auf dem Boden. Aber es war kein Jungenschatten mehr.

Philipp fröstelte.

Ein großer Rabe kauerte auf dem Fenstersims. Das helle Mondlicht schien auf seine blauschwarzen Flügel, auf die zotteligen Kehlkopffedern, auf seinen kräftigen Hals und auf seinen großen Schnabel.

Ein zweiter Rabe stand unter dem Fenster. Er sah aus wie der andere, nur etwas kleiner.

„Wo ist Anne?", fragte sich Philipp verwirrt. Er versuchte, ihren Namen zu rufen. Aber aus seiner Kehle kam nur ein furchtbares Krächzen: *„Ark-ne!"*

Philipp fühlte sich wie in einem schrecklichen Albtraum gefangen. Sein Kopf drehte sich ruckartig und er blickte an seinem Körper hinunter.

Seine Arme hatten sich in pechschwarze Flügel verwandelt. Seine Beine sahen aus wie spindeldürre Zweige mit vier langen Zehen, an denen gebogene Krallen waren.

Teddy hatte sie versehentlich alle in Raben verwandelt. Eins, zwei, drei!

DAS NEST DES RABENKÖNIGS

„Kräh-Phril! Kräh-Ark-ne!", krächzte Teddy.

Teddy sprach zwar Rabensprache, aber Philipp verstand ihn sofort. Teddy hatte gesagt: „Entschuldigung, Philipp und Anne!"

Anne trippelte nach vorne. Sie flatterte zur Fensterbank und ließ sich neben Teddy nieder.

„Gra-Knorki!", krächzte sie. „Das macht Spaß!"

„Knorki?", piepte Philipp. *„Spaß?"*

„Kroh-Phril", krächzte Anne. *„Kah-Krie!"*

„Komm schon, Philipp, lass uns losfliegen."

Anne und Teddy hoben vom Fensterbrett ab und verschwanden in den mondhellen Nebelschwaden.

„Das kann doch nicht wahr sein", dachte Philipp.

Er sah seine Federn und Krallen an. Erst streckte er seinen rechten und dann seinen linken Flügel aus. Mit beiden schlug er auf und ab. Bevor er richtig wusste, was mit ihm geschah, hob er unbeholfen vom Boden ab und landete auf dem Fensterbrett.

Philipp sah, wie Anne und Teddy im Mondlicht umherflogen. Sie wirbelten wie die Akrobaten herum, hechteten und purzelten durch die Luft.

„*Ark-ne-kow!*", krächzte Philipp. „Anne, komm zurück!"

„*Krie! Krie-Krow!*", gab Anne zurück. „Flieg, flieg doch!"

„*Ark-ne!*"

Nach einem Sinkflug glitt Anne wieder hoch. Sie flog einen eleganten Bogen, schwebte zum Fenster und landete neben Philipp.

„Das macht irre Spaß, Philipp!", krächzte sie. „Sitz hier nicht herum!"

Teddy flog an ihnen vorbei.

„Ich bin auf dem Weg zur Bergspitze!", krächzte er. „Fliegt mit mir!"

„Los, Philipp!", krächzte Anne. Sie flog hinter Teddy her und stürzte durch die kühle Nachtluft.

„Oje!" Die Furcht hatte sich in Philipps kleinem Rabenherz eingenistet. „Jetzt bin ich ganz bestimmt in den Tunnel der Angst geraten", dachte er.

Merlins Worte echoten in seinem Kopf:

„Schreitet mutig voran und ihr werdet bald wieder zum Licht finden!"

Philipp blickte in die Nacht hinaus. Er schloss seine Augen und sprang vom Fenstersims.

Philipp fiel in die Tiefe. Er öffnete seine Augen und flatterte. Seine Flügel trugen ihn hoch. Er versuchte, sein Gleichgewicht zu halten. Philipp schwebte durch die kalte Nachtluft. Als er hinuntersah, fiel er beinahe in Ohnmacht! Der Burghof lag ganz weit unter ihm.

Philipp flatterte wie wild mit den Flügeln. Er ließ sich gleiten. Dann flatterte er wieder. Flatternd und gleitend flog er immer höher in den Himmel.

Schließlich hatte er Anne und Teddy eingeholt. Sie kreisten in der Luft und warteten auf ihn.

„*Rark*", krächzte Philipp. „Vorwärts!"

Die drei flogen durch die mondhelle Nacht und steuerten auf das Nest des Rabenkönigs zu.

Sie schwangen sich an einer Seite des Berges hoch, vorbei an Schierlingspflanzen und hohen Kiefern. Sie flogen durch lange, schleierartige Nebelwolken, immer weiter nach oben.

Als sie auf den Berggipfel zusegelten, stieß Teddy leises Gekrächze hervor: „Rabenheere!"

Philipp spähte durch die Nacht. Er traute kaum seinen Augen. Im hellen Mondlicht erblickte er Tausende Raben, die auf den Felsvorsprüngen hockten.

Philipp, Teddy und Anne flogen weiter. Sie stiegen höher als die Rabenheere, immer höher und höher bis zum zerklüfteten Gipfel. Als sie seine Spitze erreichten, stieß Teddy einen kreischenden Laut aus.

„Da!", krächzte er. „Das Nest des Rabenkönigs!"

EIN STÜCK VON EINEM STERN

Teddy landete auf einer Felskante. Philipp und Anne taten es ihm nach. Die Dunkelheit verbarg sie und sie kauerten sich so eng zusammen, dass ihre schwarzen Federn sich berührten. Sie starrten hinab auf das vom Mondlicht beschienene Lager des Rabenkönigs.

Das riesige Königsnest war unter einem Felsvorsprung versteckt. Es war aus Lehm, Zweigen und länglichen Streifen von Baumrinde gebaut. Zwei Rabenposten standen vor dem Eingang Wache.

„Okay", krächzte Philipp leise. „Wie lautet der Plan?"

„Hört gut zu!", antwortete Teddy. Er flüsterte in Rabensprache – leises Schnarren und Krächzen war zu hören –, um seinen Plan darzulegen.

„Ich werde die Wachen ablenken. Anne, du gibst Acht auf den Eingang. Philipp, du gehst in das Nest und holst den Diamanten. Dann kehrt ihr beide zur Burg zurück und wartet dort auf mich."

„Und was ist mit dem Rabenkönig?", krächzte Philipp.

„Ich habe das Gefühl, dass er nicht da ist", antwortete Teddy. „Sonst wären hier Legionen von Leibwächtern. Aber wir sollten uns beeilen, bevor er zurückkommt!"

Philipp hatte noch viele Fragen zu dem Plan. Aber bevor er sie stellen konnte, hob Teddy von seinem Platz ab und flog ebenfalls zum Eingang.

„Los geht's!", rief Anne und folgte ihm.

Philipp geriet in Panik. Er plusterte seine Federn auf. „Wartet, Leute!"

Aber es war zu spät. Teddy flog bereits im Sturzflug auf die Rabenposten zu!

„Ark-ark-ark!"

Die beiden Wachen verließen ihren Posten und flogen mit schrillen Schreien auf Teddy zu. Sie jagten ihn bis hoch in den Himmel.

Anne schwang sich zum Eingang des Nests. „Mach schon, Philipp!", krächzte sie.

Philipp sprang von der Felskante und flog auf das riesige Nest zu. Ohne nachzudenken, trippelte er durch den Eingang.

Ruckartig bewegte er den Kopf von einer Seite zur anderen. Mit seinem Rabenblick sah er Wände aus einem Gemisch von getrocknetem Lehm, Tierhaaren, Reben und Zweigen.

Philipp trat einen Schritt vorwärts und stoppte. Keine Spur vom Rabenkönig. Er schaute sich im Nest um. An einer Stelle sah die Nestwand anders aus, nämlich schwarz glänzend. Er ging darauf zu und berührte sie mit dem Schnabel. Es war gar keine Wand. Es war ein Federvorhang.

Philipp zwängte sich durch den Federvorhang. Der Mond schien in das angrenzende Zimmer. In seinem kühlen Licht glitzerten haufenweise Gold- und Silbermünzen. Blanke Perlen, Smaragde und Rubine glänzten und funkelten.

Inmitten all dieser Schätze befand sich ein kostbarer blau-weißer Kristall. Er war kaum größer als eine Murmel, aber sein Licht leuchtete ganz besonders hell. Der Kristall strahlte so hell, als ob jemand ein Stück von einem Stern abgebrochen hätte.

Philipp wusste sofort, dass dies der Diamant des Schicksals war. Mit pochendem Rabenherz hüpfte er zu dem Diamanten und stupste ihn mit seinem Schnabel an. Schillernde Lichtstrahlen schossen aus dem Diamanten hervor.

„*Phril-Phril*", rief Anne von draußen nach ihm. „*Krie-ko!* Sie kommen!"

Vorsichtig pickte Philipp den Diamanten mit seinem Schnabel auf. Er spürte, wie ein Gefühl von Tapferkeit und Stärke ihn durchströmte. Anne wiederholte ihre Warnung.

Aber Philipp hatte keine Angst mehr. Gelassen spazierte er aus dem Nest des Rabenkönigs in die Nacht zurück.

Andere Posten waren in Alarm versetzt worden. Aufgebracht flogen sie mit wütendem Gekreische auf die Bergspitze zu.

„Krak-Krak-Krak!"

Philipp sah Anne auf dem Felsrand hocken. „Beeil dich, Philipp! Beeil dich!", krächzte sie.

Anne flog den Berg hinunter. Philipp hielt den Diamanten fest im Schnabel, schwang seine Flügel und stieg in die Lüfte auf.

Er flog Anne hinterher.

Als beide von der Bergspitze ins Tal hinuntersegelten, zerriss ein Chor von *„Kraks"* die Stille der Nacht. Tausende ruhende Raben erhoben sich in die Nacht und sahen aus wie eine riesige schwarze Wolke. Ihr Flügelschlag klang wie grollender Donner.

„*Krie-Krie!*", krächzte Anne. „Flieg! Flieg!"

Philipp und sie glitten hinunter zur Burg des Herzogs. Der Flügelschlag der Rabenarmee donnerte immer noch oberhalb der Bergspitze. Aber keiner der Raben jagte hinter ihnen her.

„Ohne ihren Rabenkönig wissen sie nicht, was sie tun sollen", dachte Philipp. Er fragte sich, wo ihr König geblieben war. Aber mit dem Schicksalsdiamanten im Schnabel verspürte er keine Angst.

Je weiter Philipp und Anne sich vom Berg

entfernten, umso leiser wurde das Flügel-
schlagen der Rabensoldaten.

    Die Burg des Herzogs kam in Sichtweite. Sie landeten auf dem Fensterbrett des Kinder-
zimmers. Der Diamant des Schicksals war in Sicherheit!

WO IST ER?

Philipp und Anne hockten auf der Fensterbank und spähten ins Kinderzimmer. Teddys Laterne und sein Haselnusszweig lagen auf dem Fußboden, aber Teddy war nicht da.

„Teddy ist noch nicht hier", krächzte Anne. „Wir machen besser weiter und bringen den Diamanten an seinen Platz zurück!"

Philipp regte sich nicht. Er wollte den Diamanten gar nicht sofort loswerden. Er fühlte sich nämlich immer noch unglaublich mutig.

„Philipp?", krächzte Anne. „Wir sollten ihn in das Versteck zurückbringen. Ich ziehe den Wandteppich zur Seite!"

Anne flatterte zum Teppich, der an der Wand hing. Sie schwebte in der Luft und nahm den Teppichrand in den Schnabel. Dann versuchte sie, den Teppich beiseitezuziehen. Aber er war zu schwer. Sie ließ wieder los.

„Ich kann ihn nicht bewegen", krächzte sie. „Wenigstens nicht, solange ich ein Rabe bin! Wir müssen wohl warten, bis Teddy da ist, um uns wieder in uns selbst zu verwandeln."

Sie flatterte auf das Fensterbrett und landete neben Philipp. Philipp war erleichtert. Je länger er den Diamanten behalten konnte, umso besser.

„He", krächzte Anne. „Vielleicht können wir Teddys Haselnusszweig benutzen. Ich kann sowieso besser reimen als er! Es schadet bestimmt nichts, wenn wir es mal versuchen!"

Philipp schüttelte warnend den Kopf. Aber Anne bemerkte es nicht. Sie hüpfte hinunter zum Haselnusszweig, der neben dem Fenster lag. Vorsichtig pickte sie den Zweig auf.

Sie flatterte wieder hoch auf das Fensterbrett und hockte sich neben Philipp. Dann bewegte sie ihren Kopf hin und her, strich mit dem Zweig über Philipps gefiederten Kopf, über seinen Körper, seine Flügel und seine Krallen. Sie strich mit dem Zweig auch über ihren Federkopf und ihre Flügel.

Immer noch den Zweig im Schnabel, stimmte sie einen tiefen krächzenden Ton an:

„*Har-har-Rie-rie!*

Phril-Kril-Ark-ne!"

Das hieß:

„*Oh Haselnusszweig vom Haselnussstrauch,*

verwandle Philipp in sich und

auch mich wieder in mich!"

Es brauste mächtig, blitzte und gab eine Hitzewelle!

Philipp hörte Anne kichern. „Juchuhhh! Ich hab's geschafft, dass der Zauber wirkt. Schau doch!"

Philipp sah auf seine Arme, Beine und Füße hinunter.

„Cool", keuchte er.

Ark-ne und *Phril* waren nicht mehr da. Anne und Philipp waren wieder zurück!

Philipp bewegte seine Finger und Zehen.

Er spürte sein Gesicht: seinen Mund, seine Nase und seine Ohren. Er war sehr froh, wieder seinen eigenen Körper zu haben.

„Teddy wird sich wundern", sagte Anne. „Er tut so, als sei er das einzige Kind, das zaubern kann."

Sie sah sich im Kinderzimmer um. „Hallo! Wir sind wieder da!", rief sie den unsichtbaren Kindern zu. „Ratet mal, was wir haben! Wir haben den Diamanten!"

„Der Diamant! Wo ist er?", fragte Philipp. „Ich muss ihn fallen gelassen haben, als du mich verwandelt hast."

Plötzlich hörten sie es am Fenster rauschen und flattern.

„Teddy!", rief Anne. Sie und Philipp drehten sich rasch um. Aber es war nicht Teddy.

Ein entsetzliches Geschöpf hockte stattdessen auf dem Fensterbrett des Zimmers.

Es war zum Teil ein Mensch und zum Teil ein Rabe. Es hatte seidige Federn als Haar, einen Schnabel als Nase sowie scharfe Krallen und trug einen bauschigen Federumhang, der im leuchtenden Mondlicht wie eine schwarze Rüstung glänzte.

„Guten Abend", sagte der Rabenkönig.

GEFANGEN

Philipp und Anne waren so erschrocken, dass sie kein Wort über ihre Lippen brachten.

Der Rabenkönig sprang vom Fenster auf den Fußboden. Seine Rabenleibwächter rauschten ins Zimmer hinein. Schnell waren Philipp und Anne von dunklen Flügeln, scharfen Schnäbeln und wachsamen Augen umstellt.

Als seine Wächter ihre Stellung bezogen hatten, drehte der Rabenkönig seinen Kopf von einer Seite zur anderen und schaute erst Philipp und dann Anne an.

„Wo sind die zwei Raben hin, die meinen Diamanten gestohlen haben?", fragte er mit rauer Stimme.

„Welche ... welche Raben?", fragte Philipp mit zittriger Stimme. Verzweifelt wünschte er, dass er den Diamanten des Schicksals noch hätte, damit der ihm Stärke und Mut gäbe.

„Die Raben, die zu dieser Burg geflogen sind, nachdem sie meine Schatzkammer überfallen haben", sagte der Rabenkönig. „Wo verstecken sie sich?"

Philipp versuchte, sich vorzustellen, dass er den Diamanten noch immer bei sich trug. „Von denen wissen wir gar nichts", sagte er mit leiser, fester Stimme. So zu tun, als ob er den Diamanten noch bei sich trug, gab ihm tatsächlich ein mutiges Gefühl.

„Ihr habt also keine Ahnung von ihnen?", fragte der Rabenkönig.

„Nein, Sie müssen die falsche Burg erwischt haben."

„Vielleicht habt ihr recht", sagte der Rabenkönig. „Aber seid ihr wirklich sicher, dass ihr sie nicht gesehen habt? Sie sahen diesem Kleinen hier sehr ähnlich."

Der Rabenkönig warf seinen Umhang über die Schulter zurück und hielt ihnen einen eisernen Vogelkäfig entgegen. In ihm hockte ein gefangener Rabe.

„*Phril, Ark-ne!*", krächzte der Rabe.

„Teddy!", schrie Anne.

„Er heißt Teddy?", sagte der Rabenkönig. „Wie nett. Ich habe also Teddy erwischt. Ich denke, er wäre ein wunderbares Haustier, oder etwa nicht?"

Philipp war entsetzt, Teddy als Gefangenen des Rabenkönigs zu erblicken.

„Es ist nicht nett!", sagte er. „Es ist grausam. Sie lassen ihn besser frei oder es passiert was!"

„Ja, lassen Sie ihn sofort gehen", sagte Anne. „Sonst passiert was!"

„Passiert was?", fragte der Rabenkönig. „Was passiert denn?" Er gab ein raues Gelächter von sich.

Während der König lachte, warf Philipp einen Blick auf den Boden unter dem Fenster. Dort entdeckte er den Haselnusszweig. Er ging vorsichtig einen Schritt darauf zu.

Der Rabenkönig sah ihn, sein Lachen hörte abrupt auf. *„Krie-Kor!"*, krächzte er einem seiner Leibwächter zu.

Philipp sauste zum Zweig. Aber bevor er ihn an sich reißen konnte, war der Leibwächter des Königs über den Boden gerauscht, hatte sich auf den Zweig gestürzt und ihn mit seinem Schnabel geschnappt. Als der Rabe ihn zum Fenster trug, sah Philipp, dass eine seiner Schwanzfedern verbogen war.

„Philipp, sieh mal! Das ist Rok!", sagte Anne. Zum Vogel rief sie: *„Rok, Rok!"*

Oben vom Fenster sah der Rabe hinunter.

„Rok, ich bin's, Anne", sagte sie. „Ich habe dir geholfen, als die Leute im Dorf Steine nach dir geworfen haben. Erinnerst du dich?"

„Was für ein Blödsinn!", krächzte der Rabenkönig. „Bring mir den Zweig, Vogel!"

Rok bewegte sich nicht. Er hielt den Haselnusszweig im Schnabel fest und starrte auf Anne hinunter.

„Gib Philipp den Zweig, Rok", sagte Anne. „Dann kann er Teddy wieder in einen Jungen verwandeln."

„Dieser hässliche Zweig ist ein Zauberstab, nicht wahr?", sagte der Rabenkönig. „Bring ihn mir, Vogel! Sofort!"

„Tu es nicht, Rok!", sagte Anne. „Lass dich nicht mehr von ihm herumkommandieren!"

Mit seinen dunkelbraunen Augen starrte der Rabe Anne einen Augenblick lang an. Dann sah er den Rabenkönig an. Er schaute Anne noch einmal an. Dann sauste er zu Philipp hinunter und ließ den Haselnusszweig neben seinen Fuß fallen.

Philipp schnappte ihn.

„Verräter", beschimpfte der Rabenkönig Rok. „Dafür wirst du büßen!" Er warf sich auf den Raben. Rok versuchte zu entwischen, aber der Rabenkönig packte ihn bei der Kehle.

Philipp musste Rok retten! Er zeigte mit dem Zweig auf den Rücken des Rabenkönigs und rief:

*„Oh Haselnusszweig
vom Haselnussbaum,
erfülle ihm seinen Kindertraum!"*

Ein ohrenbetäubender Wind brauste durch das Zimmer. Blendendes Licht blitzte auf. Dann war alles vorüber. Der Rabenkönig war verschwunden. Sein Umhang lag auf dem Boden. Rok hüpfte unverletzt umher.

Unter dem Federumhang war ein heiserer Schrei zu hören: *„Ork!"*

Anne hob den Umhang hoch und ein winziger Rabe kam zum Vorschein.

„Ohh!", sagte sie sanft.

Der Vogel streckte seinen spindeldürren Hals. *„Ork"*, krächzte er noch einmal.

„Selber hallo!", sagte Anne lächelnd. Sie streichelte die flaumigen Kopffedern des Raben. Dann schaute sie zu Philipp hoch. „Wie bist du auf den Reim gekommen?"

„Er kam mir einfach in den Sinn", sagte Philipp. „Ich wusste, dass ich Rok retten musste. Aber ich wollte den Rabenkönig nicht verletzen. Ich glaube, eigentlich hatte ich sogar Mitleid mit ihm."

„Also hast du ihm geholfen, dass er endlich seinen Wunsch erfüllt bekommt", sagte Anne. „Du hast ihn in einen Babyraben verwandelt!"

„Ja", sagte Philipp. „Jetzt kann er sein ganzes Leben als Vogel verbringen."

Rok flog auf das Fensterbrett. Er sah die anderen Raben an. Es war klar, dass er ihr neuer Anführer war.

„*Gro-gro!*", krächzte Rok.

Er trat zur Seite. Die Rabentruppe verließ das Kinderzimmer – einer nach dem anderen. Zwei von ihnen flogen neben dem neuen Mitglied des Vogelschwarms, das

noch etwas hilflos mit seinen Flügelchen flatterte.

Rok war der Letzte, der losflog. Er starrte Anne und Philipp mit einem tiefen Blick an. Dann hob er vom Fensterbrett ab und flog ins silbrige Licht der Morgendämmerung.

EIN NEUER TAG

„Krächz!"

Ein leises Krächzen kam aus dem Käfig auf dem Fußboden.

„Teddy!", rief Anne.

„Beinahe hätten wir dich vergessen!", sagte Philipp.

„Krächz", krächzte Teddy wieder.

„Ich verwandle ihn zurück!", sagte Anne zu Philipp.

„Okay, aber lass mich zuerst aus dem Weg gehen!", sagte Philipp. Er reichte Anne den Haselnusszweig. Dann ging er rasch hinüber zum Fenster.

Anne trat näher an Teddys Käfig heran.

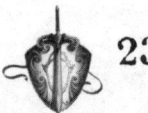

Sie schloss ihre Augen und dachte nach. Dann wedelte sie mit dem Zauberstab und sagte:

„Oh Haselnusszweig
vom Haselnussbaum!
Mach ihn zu Teddy hier
in diesem Raum!"

Ein mächtiges Brausen war zu hören. Helles Licht erfüllte den Raum. Dann war der Käfig weg und Teddy war wieder ein Junge. Er saß auf dem Fußboden.

„Super!", rief Anne.

„Gut gemacht!", rief Teddy. „Danke schön!"

Anne und Philipp halfen Teddy beim Aufstehen.

Teddy schüttelte seine Arme und Beine. „Ahhh! Es ist gut, wieder ein Mensch zu sein!", sagte er. „Und nun müssen wir der Familie des Herzogs helfen. Wo ist der Diamant?"

„Wir haben ihn verloren!", gestand Anne.

„Tja, ich hatte ihn im Schnabel", sagte Philipp. „Aber ich muss ihn fallen gelassen haben, als Anne uns zurückverwandelt hat."

„Keine Sorge!", sagte Teddy. „Dann muss er hier ja irgendwo liegen!"

Sie krochen auf allen vieren und suchten auf dem Fußboden herum. Aber von dem Diamanten war nichts zu sehen.

Plötzlich hörte Philipp Teddy tief einatmen.

„Oh nein!", flüsterte Teddy. „Sieh mal!"
Er starrte in die Ecke.

Der Diamant des Schicksals erhob sich aus dem Wollkorb und schwebte neben dem Spinnrad.

„Das Gespenstermädchen muss ihn versteckt haben, als der Rabenkönig kam!", flüsterte Anne.

Der Diamant bewegte sich langsam auf

Philipp zu und hielt vor ihm an. Philipp öffnete seine Hand und der Diamant legte sich auf seine Handfläche.

„Danke!", sagte Philipp zu dem Gespenstermädchen.

„Ich werde ihn wieder an seinen Platz zurücklegen."

Vorsichtig trug Philipp den Diamanten durch das Kinderzimmer. Anne zog den Wandteppich zur Seite und Philipp öffnete die goldene Tür des Wandschränkchens.

Ein letztes Mal sah er den glänzenden Stein an. „Ich habe mich wirklich mutig gefühlt, als ich diesen Diamanten trug!", sagte er leise.

„Philipp!", sagte Anne. „Du bist gerade eben ohne ihn auch ganz schön mutig gewesen!"

„Das warst du in der Tat!", sagte Teddy.

Philipp lächelte. Sorgfältig legte er den Diamanten an seinen Platz zurück und verschloss die goldene Tür. Dann zog Anne noch den schweren Wandteppich vor das Wandschränkchen.

Im Kinderzimmer wurde es langsam wärmer. Neben Teddy begann ein Mädchen, allmählich Gestalt anzunehmen. Sie trug ein weißes Nachthemd und hatte dunkles, lockiges Haar. Sie war ungefähr so alt wie Teddy.

Am Schachtisch nahmen zwei Jungen ebenfalls Gestalt an. Sie sahen einander ziemlich ähnlich. Es waren Zwillinge in Annes Alter.

Zuerst waren die Kinder ein bisschen blass und verschwommen. Nach und nach wurden sie immer sichtbarer, bis sie schließlich ganz fest und rotwangig waren.

Gleichzeitig wurde ein großer brauner Hund an der Tür sichtbar. Er bellte und rannte auf das Mädchen zu.

„Olli!", rief sie und umarmte ihn. Dann blickte sie Philipp, Anne und Teddy lächelnd an. „Hallo", sagte sie.

„Hallo", sagte Anne. „Seid ihr drei die einzigen Menschen in dieser Burg?"

„Oh nein, alle anderen sind auch da", sagte das Mädchen. „Aber sie schliefen, als der Rabenkönig den Diamanten gestohlen hat. Eigentlich hätten wir auch schlafen sollen. Aber manchmal stehlen wir uns nachts aus dem Bett, um zu spielen. Wir hatten Verstecken gespielt, als ich die Geheimtür hinter dem Wandteppich fand. Ich wollte den Diamanten besser sehen können und legte ihn aufs Fensterbrett, damit das Mondlicht auf ihn scheinen konnte. Tom und Henry fingen ein Schachspiel an …"

„… und dann fing Gitta an zu spinnen", sagte Tom. „Und Olli rannte runter in den Festsaal, um nach Essensresten zu suchen."

„Genau in dem Moment kam der Rabenkönig herabgesaust und stahl den Diamanten", erzählte Gitta. „Bevor wir jemandem etwas sagen konnten, lösten wir uns schon auf."

„Mutter! Vater!", rief Tom, als ob er sich gerade erst wieder an seine Eltern erinnerte. „Wir müssen sie aufwecken, Gitta!"

„Ich weiß", sagte sie. „Wir gehen gleich nach oben und wecken sie. Vermutlich haben sie gar nicht mitbekommen, dass sie unsichtbar waren, weil sie geschlafen haben!"

Gitta nahm ihre Brüder an die Hand und alle drei gingen aus dem Kinderzimmer. An der Tür schaute sie auf Philipp, Anne und Teddy zurück.

„Danke schön dafür, dass ihr uns geholfen habt", sagte sie. „Wer auch immer ihr seid."

Die Kinder des Herzogs verließen das Kinderzimmer. Olli schnappte seinen Knochen und sprang ihnen hinterher.

Teddy zeigte zur Tür. „Gehen wir?"

Philipp und Anne nickten.

Teddy nahm seine Laterne und blies die Kerze aus. Dann führte er sie aus dem Kinderzimmer

der Burg in den Flur. Als sie die Treppen hinuntergingen, flitzten Diener an ihnen vorbei.

„Läutet die Glocken!", sagte einer.

„Holt Wasser für den Herzog und die Herzogin!", sagte ein anderer.

„Wir sind heute spät dran!", sagte ein Dritter.

Philipp, Anne und Teddy stiegen weiter die Wendeltreppe hinunter. Sie kamen am Festsaal vorbei, an der Waffenkammer und dann zum Eingang des Hauptturmes.

Als sie den Hof betraten, schien helles Sonnenlicht auf die Burgtürme, Glockenläuten war zu hören, Hähne krähten und Pferde wieherten.

Die Diener entfachten ein großes Feuer, um zu kochen. Ein Hufschmied hämmerte und eine Magd schleppte Milchkannen.

Philipp, Anne und Teddy spazierten über den betriebsamen Hof. Sie gingen durch die Torhalle und überquerten die hölzerne Brücke. Als sie auf der anderen Seite ankamen, warfen sie einen Blick zurück. Bogenschützen standen Wache auf der Burgmauer.

Teddy winkte ihnen zu. Dann sah er Philipp und Anne an. „Nun ist auf der Burg wieder alles in Ordnung!", sagte er. „Unsere Mission ist beendet."

Lachend rannten sie zwischen den Bäumen hindurch auf das kleine Dorf zu. Als sie den Schotterweg an den Häuschen entlangeilten, sahen sie die Dorfbewohner in den Eingängen stehen. Sie starrten alle in Richtung Burg, von wo die Glocken läuteten.

Meggie, die alte Frau, empfing sie mit einem zahnlosen Grinsen. „Die Glocken läuten wieder", sagte sie.

„Ja", sagte Philipp. „Die Jungen und das Mädchen und der Hund sind wieder da! Man braucht vor nichts mehr Angst zu haben. Auf der Burg leben alle und sind guter Dinge!"

Philipp, Anne und Teddy verließen das Dorf und steuerten auf den Wald zu.

Während sie durch das Laub stapften, flimmerten die Sonnenstrahlen durch die Bäume.

  Philipp sah sich um. Der Wald leuchtete im wunderschönsten goldenen Licht, das er jemals gesehen hatte.

ZAUBER-KÜNSTE

Philipp, Anne und Teddy liefen durch den Wald, bis sie zu Merlins Eiche kamen. Sofort fanden sie die Geheimtür neben der Strickleiter. Teddy drückte gegen die Eichenrinde.

Einer nach dem anderen schlüpfte in den kerzenhellen Hohlraum des Baumstammes. Merlin saß auf seinem hohen Holzstuhl.

„Ihr habt also die Burg wieder in Ordnung gebracht?", fragte er gelassen.

„Ja, Herr", sagte Teddy. „Wir mussten zwar ein bisschen zaubern, aber nun ist alles wieder in Ordnung."

„Deine Reimkünste müssen sich verbessert haben", sagte Merlin zu Teddy.

Teddy grinste verlegen. „Na ja, um ehrlich zu sein, der wirkliche Zauber lag nicht in meinen Reimen. Es waren mehr Philipps und Annes zauberhafter Mut und ihre Liebenswürdigkeit, die unsere Mission gerettet haben – und nicht zuletzt mich!"

„Tatsächlich?", sagte Merlin.

„In der Tat", sagte Teddy. „Sie kennen eine Magie, die genauso wirksam ist wie die Reime."

Merlin wandte sich zu Anne und Philipp. „Ich danke euch für eure Hilfe!", sagte er. „Das ganze Reich Camelot dankt euch!"

„Keine Ursache", erwiderten sie.

Dann stand Merlin auf. „Komm mit, mein Junge", sagte er zu Teddy. „Ich werde dir dabei behilflich sein, zu Morgan zurückzukehren. Wir müssen diese seltenen und kostbaren Bücher wieder in ihre Bibliothek zurückbringen."

Er beugte sich hinunter und hob einen Stapel

uralter Bücher vom Boden auf. Er türmte sie auf Teddys Arme.

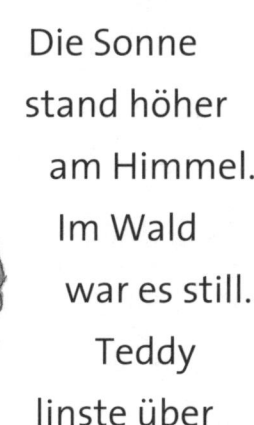

Schwerfällig drehte sich Teddy mit den Büchern um. Dann folgte er Anne und Philipp, die das Herz der Eiche verließen. Die Sonne stand höher am Himmel. Im Wald war es still. Teddy linste über seine Bücher hinweg. „Wir müssen wohl Auf Wiedersehen sagen", sagte er zu Anne und Philipp.

„Wann werden wir dich wiedersehen?", fragte Anne.

„Wenn die Pflicht wieder ruft, denke ich!",

sagte Teddy. Er sah Merlin an und suchte in seinem Gesicht nach Zustimmung.

Der Zauberer lächelte.

„Werdet ihr sicher nach Hause finden?", fragte Teddy.

„Na klar", sagte Philipp. „Das Baumhaus wird uns zurückbringen."

Anne und er sahen nach oben auf das magische Baumhaus in den Wipfeln der Eiche. Plötzlich kam ein Windstoß auf und die Blätter raschelten.

Anne und Philipp drehten sich wieder zu Merlin und Teddy um. Aber sie waren verschwunden. Leuchtend gelbe Blätter wirbelten an der Stelle umher, wo sie gestanden hatten.

„Also gut!", sagte Anne und seufzte. „Vorwärts!"

„Auf, nach Hause!", sagte Philipp.

Anne kletterte die Strickleiter hoch und

Philipp folgte ihr. Als sie in das Baumhaus stiegen, flatterte das Blatt mit der Einladung von Merlin auf den Boden. Anne nahm es hoch und zeigte auf das Wort „Pepper Hill".

„Ich wünschte, wir wären dort", sagte sie.

Der Wind blies immer stärker.

Das Baumhaus fing an, sich zu drehen.

Es drehte sich schneller und immer schneller!

Dann war alles wieder still.

Totenstill.

Philipp öffnete seine Augen. Anne und er saßen einen Moment lang schweigend auf dem Boden des Baumhauses. Philipp sah aus dem Fenster. Ganz hoch oben flog ein Vogel am dämmrigen Himmel.

Philipp konnte kaum glauben, dass er vor Kurzem selbst ein Vogel gewesen war.

„Wollen wir nach Hause gehen?", fragte Anne.

Philipp nickte.

Anne legte Merlins Herbstblatt sorgfältig neben die königliche Weihnachtseinladung in die Ecke des Baumhauses.

Dann kletterten sie und Philipp die Leiter hinunter und machten sich auf den Weg durch den Wald.

In der zunehmenden Dunkelheit des Halloweenabends war gar nichts besonders gespenstisch. Philipp kannte jeden Baum und jeden Strauch. Der Weg nach Hause war ihm vertraut.

Als er und Anne auf ihr Haus zugingen, tauchten plötzlich vier Geschöpfe vor ihnen auf dem Bürgersteig auf – eine grässliche Hexe, ein grinsendes Skelett, ein Vampir mit spitzen Zähnen und ein riesiger, runder, haariger Augapfel. Die Geschöpfe lachten gackernd, rasselten und zischten.

„Oh Mann", sagte Philipp.

„Starke Kostüme", sagte Anne.

Philipp und Anne durchquerten den Vorgarten und stiegen die Stufen vor der Haustür hoch.

„Na, bist du bereit für Halloweenstreiche?", fragte Anne.

Philipp rückte seine Brille gerade. „Weißt du, ich bleibe dieses Jahr lieber zu Hause", sagte er, "und helfe Mama und Papa beim Austeilen der Süßigkeiten."

"Das werde ich vielleicht auch tun", sagte Anne. "Aber auf jeden Fall ziehe ich mein Prinzessinnen-Vampir-Kostüm an!"

Philipp lächelte.

"Cool", sagte er.

Dann schlüpften er und Anne schnell in ihr warmes, gemütliches Zuhause und ließen den dunklen Halloweenabend draußen vor der Tür.

Das Abenteuer ist noch nicht vorbei!

Wenn du wissen willst, wie die Mission weitergeht, dann begleite die beiden in den folgenden Bänden:

Band 29 – ISBN 978-3-7855-5695-5

Band 30 – ISBN 978-3-7855-5696-2

Mary Pope Osborne lernte schon als Kind viele Länder kennen. Mit ihrer Familie lebte sie in Österreich, Oklahoma, Florida und anderswo in Amerika. Nach ihrem Studium zog es sie wieder in die Ferne und sie reiste viele Monate durch Asien. Schließlich begann sie zu schreiben und war damit außerordentlich erfolgreich. Bis heute sind schon über hundert Bücher von Mary Pope Osborne erschienen. *Das magische Baumhaus* ist in den USA und Deutschland eine der beliebtesten Kinderbuchreihen.

Petra Theissen, 1969 geboren, studierte nach dem Abitur Grafikdesign an der Fachhochschule in Münster. Seit Abschluss ihres Studiums ist sie als freie Werbe- und Kinderbuchillustratorin tätig und mag mit niemandem tauschen: Sie kann sich keinen schöneren Beruf vorstellen.

Das große Baumhaus-Special

Weitere Doppelbände mit spannenden Abenteuern und magischer Ausstattung!

ISBN 978-3-7432-0211-5

ISBN 978-3-7432-0212-2

ISBN 978-3-7432-0213-9

ISBN 978-3-7432-0214-6

ISBN 978-3-7432-0215-3

ISBN 978-3-7432-0210-8
1. Auflage 2018
© 2018 Loewe Verlag GmbH, Bindlach
Dieser Titel enthält die Einzeltitel *Im Auftrag des Roten Ritters* und
Das verzauberte Spukschloss (aus der Reihe *Das magische Baumhaus*)
© 2006 Loewe Verlag GmbH, Bindlach
Erschienen unter den Originaltiteln
Christmas in Camelot (© 2003 Mary Pope Osborne),
Haunted Castle on Hallows Eve (© 2003 Mary Pope Osborne)
Copyright Text: © 2003 Mary Pope Osborne
Alle Rechte vorbehalten.
Erschienen in der Original-Serie Magic Tree House™
Magic Tree House™ ist eine Trademark von Mary Pope Osborne,
die der Originalverlag in Lizenz verwendet.
Veröffentlicht mit Genehmigung des Originalverlags,
Random House Children's Books, a division of Penguin Random House, LLC.
Aus dem Amerikanischen übersetzt von Sabine Rahn und Petra Wiese
Umschlagillustration: Melanie Korte
Innenillustration: Petra Theissen
Umschlaggestaltung: Michael Dietrich
Printed in Germany

www.dasmagischebaumhaus.de
www.loewe-verlag.de